# LETTRES

SUR LE

# CENTENAIRE DE VOLTAIRE

Paris. — Imprimerie JULES LE CLERE ET Cie, rue Cassette.

# LETTRES

À MM. LES MEMBRES DU CONSEIL MUNICIPAL
DE PARIS

SUR LE

# CENTENAIRE DE VOLTAIRE

PAR

M. L'ÉVÊQUE D'ORLÉANS

PARIS
LIBRAIRIE DE LA SOCIÉTÉ BIBLIOGRAPHIQUE
35, RUE DE GRENELLE, 35

1878

# PREMIÈRES LETTRES

SUR LE

# CENTENAIRE DE VOLTAIRE

## PREMIÈRE LETTRE

### POURQUOI J'ADRESSE CES LETTRES A MESSIEURS LES MEMBRES DU CONSEIL MUNICIPAL DE PARIS.

MESSIEURS,

C'est à vous que j'ai le triste honneur d'adresser ces premières lettres, et celles qui devront suivre, parce que c'est vous qui avez donné la plus vive impulsion au scandale qui se prépare.

Voici les faits :

Au commencement de l'année 1876, un journal, célèbre alors par la guerre acharnée qu'il faisait à la religion en même temps qu'à l'ordre social, *les Droits de l'Homme*, mettait en avant l'idée de célébrer, pendant l'Exposition universelle, le Centenaire de Voltaire et de Rousseau, et de provoquer à cette occasion une grande manifestation contre les croyances religieuses.

Voltaire et Rousseau sont morts en effet la même année, à quelques semaines l'un de l'autre; Voltaire le 30 mai, Rousseau le 3 juillet 1778.

L'idée, combattue par tous les journaux qui ne voient aucun profit pour le pays à attaquer et désorganiser la religion en France, fut accueillie au contraire sur-le-champ par les feuilles qui semblent vouloir identifier la République avec la guerre à l'Eglise, *le XIX^e Siècle, le Rappel, le Bien Public, la République française, le Réveil*, etc., et même par quelques autres feuilles, politiques ou littéraires, que leur indifférence en matière de religion préparait à subir ici un entraînement regrettable.

Aussitôt, un groupe composé de quelques Députés et Sénateurs de la gauche, et de journalistes, s'occupa de réaliser ce projet, et un Comité, appelé d'abord Comité d'initiative, puis Comité central, fut constitué. « Il se compose de plusieurs Sénateurs, de nombreux Députés, des 74 Conseillers municipaux de Paris, des délégués des arrondissements de Paris et de diverses sociétés (1). »

Immédiatement le Comité se mit à l'œuvre, pour préparer ce qu'on appelle « une apothéose. » Et cette « apothéose, » on déclara vouloir en faire une « manifestation nationale; » bien plus, une manifestation « internationale » et européenne.

En effet, à peine le Comité d'initiative était-il formé, que les Conseillers municipaux de Paris qui en faisaient alors partie — MM. Bonnet-Duverdier Yves Guyot et Brisson étaient du nombre, — pu-

(1) *Le Bien Public*, 6 avril 1878.

bliaient, dans *les Droits de l'Homme* et *le Bien Public* où je la trouve, une déclaration qui annonçait les proportions extraordinaires et la signification antichrétienne qu'on voulait donner à ce Centenaire :

« Les soussignés, Conseillers municipaux de Paris, se sont constitués en comité provisoire *d'initiative internationale*, pour étudier et réaliser les voies et moyens de la célébration, en 1878, du Centenaire de Voltaire et de Rousseau (1). »

Ce doit être une « manifestation nationale » et même « internationale ; » nationale, c'est l'expression de votre Rapporteur, Messieurs ; et c'est pour cela que le Comité a adressé des appels au Conseil général de la Seine, qui a répondu, au nouveau Conseil municipal de Paris, qui a répondu également. Non contents, en effet, Messieurs, de vous associer individuellement au Centenaire projeté, vous avez voulu y prendre une part effective au nom de la ville de Paris, et, dans votre séance du 7 mars, une somme de 10,000 fr. a été votée par vous, « pour être versée entre les mains de la personne qui sera désignée par le Comité des finances de l'œuvre du Centenaire. » Le même appel a été adressé à tous les Conseils municipaux de France, dont plusieurs, à votre exemple, ont aussi répondu ; et enfin à tous les Conseils généraux (1) : « La manifestation du 30 mai, dit l'appel

(1) *Le Bien Public*, 21 juin 1876.

(2) A Bordeaux, le Conseil général a voté pour le Centenaire, et un des principaux journaux du pays propose « aux libres-penseurs du département de se réunir, le 30 mai, sur l'esplanade des Quinconces, et de partir de là, bannières déployées et musique en tête, au chant patriotique du *Départ ;* puis, de se diriger vers le palais municipal, par le cours Tourny, le Chapeau-Rouge, les

du Comité aux Conseils généraux, sera une véritable manifestation nationale, et l'adhésion des 86 départements doit lui être acquise (1). »

On a fait appel en même temps à un grand nombre de sociétés savantes.

De son côté, le Grand-Orient est entré en campagne, et,pour donner au Centenaire des deux grands ennemis de la Religion ce caractère de « manifestation nationale, » il a fait également appel à toutes les loges de France, dont un grand nombre ont déjà répondu (2).

La jeunesse des écoles, naturellement, si j'en crois son nouvel organe, s'est précipitée dans le mouvement. « Il importe, dit *la Voix des Ecoles*, que la « participation des étudiants au Centenaire de Vol- « taire et de Rousseau soit aussi large, aussi complète « que possible (3). »

Bien plus, j'ai dit que l'on veut donner à cette manifestation un caractère « international » et euro-

quais, les Fossés, la rue Duffour-Dubergier et la place Saint-André, en portant sur leurs épaules le buste de l'homme de génie qui leur donna la liberté. A l'hôtel de ville, le maire, assisté de son conseil, recevrait des mains du peuple ce buste, personnification vivante de la Révolution. »

(1) *Le Bien Public*, 8 avril 1878.

(2) *Le Monde Maçonnique* a même essayé de tracer un programme du Centenaire : « Ce programme doit comprendre l'inauguration solennelle, sur une des grandes places de Paris, d'une statue de Voltaire. Un concours pour l'exécution de cette statue est déjà ouvert à cet effet. Le programme comprendra, en outre, des représentations des chefs-d'œuvre dramatiques de l'auteur de *Brutus*, de *Mahomet*, de *Rome sauvée ;* un musée où seront rassemblés ses statues, ses bustes, ses portraits, ses manuscrits, etc., etc.; des conférences faites par les illustrations de la poésie, de la philosophie, de la politique contemporaine; d'autres fêtes encore.» — Mars 1878.

(3) 4 avril 1878.

péen : c'est pour cela que s'était formé le Comité appelé, par la déclaration citée plus haut, Comité d'initiative internationale; et je lis dans le journal *le Bien Public :*

Le Centenaire de Voltaire et de Rousseau ne doit pas être l'affaire d'un homme ou d'une petite chapelle. Il doit être organisé par un vaste comité, formé de gloires *internationales ;* que ce Comité nomme ensuite un président, un secrétaire et s'organise comme il l'entendra.

De plus, pour conserver au Centenaire de Voltaire et Rousseau son véritable *caractère international,* pour que nous, Français, nous fassions largement les choses et donnions réellement à cette fête un caractère d'hospitalité, nous croyons que la présidence du Comité devrait être décernée à un étranger (1).

Voilà, Messieurs, jusqu'où l'on va dans l'exaltation où jette ce Centenaire.

Un autre journal dit de son côté :

Que la Suisse, au nom de Rousseau, que l'Allemagne, au nom de Voltaire, nous aident à fêter ces grands citoyens du monde, je trouve cela juste, simple, naturel; et je crois qu'il faudrait, en même temps qu'on organisera des comités à Paris, en susciter d'autres au-delà des frontières.

CONVIONS TOUS LES PEUPLES A CÉLÉBRER AVEC NOUS VOLTAIRE ET ROUSSEAU (2).

Aussi s'est-on empressé d'inviter à ce Centenaire le plus furieux ennemi de l'Église et du Pape, Garibaldi : lequel a eu le bon goût de s'abstenir; sa place,

(1) *Le Bien Public*, cité par *la Gazette de France*, 18 mars 1878.
(2) *La Vie littéraire*, 21 mars 1878.

en effet, n'était guère marquée dans cette France, si singulièrement défendue par le soldat de la République universelle. Il a répondu, cependant, qu'il « était, » depuis son enfance, « un adorateur de Voltaire (1). » En même temps les loges maçonniques italiennes n'ont pas manqué de répondre à l'appel des loges françaises, et « une dépêche, reçue de Rome par *la Lanterne,* annonce que des cérémonies auront lieu au Capitole, à l'occasion du Centenaire de Voltaire, sur l'invitation du Grand-Orient et de la Franc-Maçonnerie d'Italie (2). »

Mais ce qui me frappe plus encore, Messieurs, que les proportions démesurées qu'on veut donner à « cette apothéose, » c'est la pensée qui est là révélée. On n'en a pas fait mystère, on l'a publié hautement : c'est une grande manifestation contre la Religion.

Le pouvez-vous nier ? Lisez :

*Les Droits de l'Homme* nous apprennent que cette idée de fêter le Centenaire de Voltaire et de Rousseau leur est venue en se rappelant ce que fut Voltaire.

Voici leurs paroles :

Voltaire a manqué de respect à toutes les choses établies... Il a osé regarder en face le Christ...

*Cet homme a manqué totalement de respect ; eh bien ! cet homme-là a droit à notre respect.* C'est à lui que nous devons l'émancipation de l'homme, de toute espèce de domination dogmatique, l'affranchissement de la conscience individuelle ; c'est pour cela que nous avons proposé son Centenaire (3).

(1) *La Lanterne*, 17 avril 1878.
(2) *Le Bien Public*, 5 avril 1878.
(3) Tout cela fut dit dans un banquet, où le vœu avait été formé et proclamé *d'asseoir* SUR LES RUINES DES AUTELS ET DES

Est-ce assez clair? Voici qui ne l'est pas moins :

Le Centenaire de Voltaire littérateur n'aurait rien signifié du tout. Le Centenaire de celui qui a dit : « ÉCRASONS L'INFAME ! » sera, au contraire, en ce temps de jésuitisme et de papelardise, UNE ÉCLATANTE MANIFESTATION.

Ainsi parle le *Bien Public,* dans son numéro du 11 avril 1878.

Que dit de son côté la déclaration des Conseillers municipaux de 1876, constitués en comité provisoire d'initiative internationale? Pourquoi ce centenaire? C'est pour fêter, disent-ils, « l'émancipation de l'esprit humain de TOUS LES DOGMES, de TOUTES LES TRADITIONS. »

Ce n'est pas qu'au fond du Centenaire il n'y ait aussi une pensée de manifestation démagogique; je lis en effet, dans la même déclaration, qu'il faut faire ce centenaire parce que Voltaire a combattu « la superstition et le fanatisme qui étaient les bases de tout l'Etat *politique*, *religieux*, *civil*, *économique et moral de son temps.* »

J.-J. Rousseau embarrasse bien un peu ces Messieurs, parce que Rousseau n'était pas athée ni matérialiste. Mais enfin, ils lui « pardonnent, » parce que c'est à lui que « la révolution doit sa flamme sombre, sa résolution implacable, son fanatisme de vertu et de courage, son exaltation continue, LA PASSION qui consumait et soutenait à la fois LES HOMMES

TRÔNES la fédération des peuples libres pour la consécration des droits de l'homme. — Banquet d'anniversaire des *Droits de l'homme,* février 1877.

DE LA CONVENTION ; » parce que « c'est un des précurseurs du SOCIALISME MODERNE. »

Ainsi le SOCIALISME, la CONVENTION, voilà ce que les membres du Conseil municipal de Paris veulent exalter dans le Centenaire de Rousseau.

C'est dans la même pensée radicale et démagogique que *le Réveil* écrivait :

L'admirable expansion révolutionnaire de 1789 à 1792, l'abolition de tous les privilèges, la destruction des ordres monastiques, la sécularisation des biens de l'Eglise, procèdent en ligne directe de Voltaire et de cette pléiade de philosophes qu'il serait injuste de ne pas comprendre dans le même hommage : les Diderot, les Dalembert, les d'Holbach. — Mirabeau, Condorcet, Vergniaud, Camille Desmoulins, Anacharsis Clootz, CHAUMETTE, DANTON poursuivent cette grande œuvre du dix-huitième siècle.

Mais, on le voit, dans ce texte même, la pensée antireligieuse, antichrétienne, perce et domine tout.

En voulez-vous d'autres preuves, Messieurs ?

Je lis dans l'appel que le Comité, encouragé par votre vote, vient d'adresser à tous les Conseils généraux de France, ces paroles : « C'est SURTOUT Voltaire, ÉMANCIPATEUR DE LA PENSÉE HUMAINE, » c'est-à-dire : Voltaire ADVERSAIRE DU CHRISTIANISME que le Comité Central veut fêter. C'est Voltaire proclamant qu'il faut ÉCRASER L'INFAME.

Le contestez-vous ? Je continue ma citation :

« Le Comité Central a préparé une édition populaire, résumé des œuvres de Voltaire. » Or, Messieurs, est-ce dans un but littéraire que le Comité a préparé cette édition populaire? Non; c'est dans un but de propagande impie. Écoutez encore le Comité :

« L'intention du Comité c'est d'opposer à la propa-
« gande des livres religieux la propagande Voltai-
« rienne. »

Le but littéraire, vous venez de le dire, ne signifierait rien ici. Il n'y a ici que Voltaire ennemi du Christianisme, qui ait une « éclatante signification. »

Ainsi, Messieurs, le Centenaire, auquel vous avez voté 10,000 francs, est un Centenaire de propagande antichrétienne.

Propagande immense, puisque ce livre, dit *le Bien Public*, doit être tiré « à des centaines de mille d'exemplaires... ». Et propagande aussi antichrétienne que possible, puisque, dit toujours le même journal : « Quand il y aura un Voltaire dans chaque famille, les églises se videront (1). »

Telle est donc, Messieurs, la grande pensée du Centenaire : VIDER LES ÉGLISES.

Pouvait-on avouer plus clairement la pensée de guerre et de propagande impie cachée dans le Centenaire ?

Le même aveu échappe, dans la joie que lui cause votre vote, à l'organe le plus accrédité et le plus antichrétien de la Maçonnerie française, *le Monde Maçonnique* : « Déjà,
« dit-il, un livre a été préparé ; il sera répandu *à des mil-*
« *liers et des milliers d'exemplaires*, et portera la lumière
« *jusque dans les bourgades écartées*, encore en proie à
« la superstition. » En d'autres termes : « les églises

(1) *Le Bien public*, 18 février 1878.

se videront partout, » comme disait *le Bien Public;* toutes les BOURGADES, toutes les FAMILLES françaises deviendront Voltairiennes.

Et voilà, Messieurs, la belle œuvre à laquelle vous croyez pouvoir employer les fonds de la ville de Paris !

Au reste, *le Monde Maçonnique* parle ici comme le Comité central, et comme *le Bien Public*, et comme *les Droits de l'Homme. Les Droits de l'Homme* affirment que Voltaire ayant osé *regarder en face le Christ*, et lui faire la guerre, c'est *pour cela* que l'idée est venue de célébrer son Centenaire ; *le Bien public* déclare que ce n'est pas l'homme de lettres qu'on veut célébrer, mais celui qui a dit : *Écrasons l'infâme!* Le Comité central dit : Celui que nous glorifions, c'est « surtout l'émancipateur de la pensée humaine. » *Le Monde Maçonnique* dit de même : « C'est l'apôtre de la libre pensée. » — La libre pensée, pour le dire en passant, expression singulière, Messieurs, car, les vérités religieuses, sachez-le, ne sont pas plus un obstacle à la pensée que les vérités scientifiques ; autrement il s'ensuivrait que plus on est éclairé, moins on est libre. Mais ce que vous nommez la libre pensée est, dans votre langage, l'antithèse des croyances religieuses. Votre « immense solennité » n'est donc qu'un immense défi, une odieuse provocation ; votre Centenaire apporte, au milieu des fêtes pacifiques de l'Exposition, un acte de guerre, et vous vous êtes cru le droit, vous, Messieurs, d'employer à cette guerre les finances municipales !

*La Voix des Écoles*, comme il est naturel à des jeunes gens, parle avec une égale franchise :

Comme nous le disait V. Hugo, « le Centenaire doit être la glorification du XVIIIe siècle par le XIXe, et ce sera le devoir de la jeunesse qui *pense librement* et qui travaille, de s'y associer. » Il est bon que cette jeunesse des *Ecoles laïques* qui a son centre au Panthéon, fasse *cette manifestation* de ses sentiments et de ses aspirations (1).

Votre Centenaire est si bien un acte de guerre antichrétienne, que la Maçonnerie, je vous le disais, s'y est précipitée ; et qu'à l'exemple des loges françaises, les loges italiennes veulent, dans Rome, au Capitole, en face du Vatican, fêter aussi à leur façon le grand ennemi du Christianisme : Voltaire, « l'infatigable chef de la grande croisade entreprise au XVIIIe siècle contre la Papauté, » disait ces jours-ci même, *le Dovere* (27 aprile) ; Voltaire, auquel les maçons italiens proposaient déjà, en 1867, d'élever une statue sur la place du Vatican, comme « au Pontife de la raison et de la libre pensée (2). »

Nous apprenons d'ailleurs par le *Leipziger Zeitung*, qu'à Leipzig aussi, le centenaire de Rousseau et de Voltaire sera célébré. Le discours principal sera prononcé par M. le professeur Semmig.

La proposition elle-même, votée par vous, quels en sont les considérants? Ce n'est pas seulement « *le nom de Voltaire* » que vous voulez glorifier, *c'est son*

(1) 4 avril 1878.
(2) Lettre de M. Felpo, vénérable de la loge *Pytagora* au *Monde Maçonnique*, citée par *l'Unita Cattolica* du 2 mai 1878.

*œuvre*, dites-vous. Mais cette *œuvre*, quelle est-elle, et qui l'ignore? C'est la guerre au Christianisme. Et voilà pourquoi vous voulez donner à ce Centenaire des proportions colossales, et en faire, comme dit *le Monde Maçonnique*, *une immense solennité*, et, selon l'expression même du rapporteur de la proposition votée par vous, *une manifestation nationale;* et enfin *une apothéose*...

Soyez sincères, Messieurs, s'il s'agissait d'un génie tel que Bossuet, Corneille ou Racine, donneriez-vous à son Centenaire ces proportions inusitées? Non, sans aucun doute.

Le but du Comité auquel vous avez voté 10,000 francs, votre but à vous, Messieurs, le but de tous les ennemis déclarés de la religion, bruyamment ralliés à cette œuvre, est donc clair : c'est *une manifestation antichrétienne* que vous voulez : de là, ces proportions exceptionnelles, de là cette audace du Comité qui, encouragé par votre vote, n'a pas craint de provoquer *tous les Conseils généraux et municipaux de France.*

Eh bien ! Messieurs, c'est précisément parce qu'on veut donner à ce Centenaire un tel caractère que, comme Conseillers municipaux de Paris, vous deviez vous abstenir; je vous le démontrerai.

Mais, ce n'est pas tout, et vous me forcez à une autre démonstration. Oui, puisque vous voulez faire au grand ennemi de la religion et de Jésus-Christ « *une apothéose,* » puisque, au pied de cette idole, vous prétendez amener la France entière, vous me contraignez à le dire, votre idole est mal choisie. Oui, par trop de côtés, l'homme vous a fait ici défaut; et si l'écrivain reste célèbre, les hontes mieux connues de l'homme l'ont trop déshonoré devant la conscience et devant le patriotisme, pour qu'une telle glorification soit possible.

On manque son but, Messieurs, quand on le dépasse. Non, Voltaire ne mérite pas que vous traîniez Paris et la France à ses pieds. Ce que vous voulez faire dépasse la mesure.

Et veuillez ne pas prendre ici ni donner le change. Ce n'est pas moi qui vous attaque. C'est vous qui nous provoquez, et nous ne faisons que nous défendre. Impossible que la bonne foi ne le reconnaisse pas : nous sommes ici dans le droit et le devoir d'une légitime défense. Et si, pour montrer jusqu'où s'égare un enthousiasme emporté manifestement par l'esprit sectaire, je suis obligé de déchirer les voiles et de mettre à nu votre idole, certes, le talent de l'écrivain, ce n'est pas moi qui pour cela le mettrai en cause et blesserai en rien de justes admirations. Mais il s'agit moins de ses dons que de l'usage qu'il en a fait. Nous ne sommes plus, grâce à Dieu, au XVIIIe siècle, et sa triste légèreté n'est pas la nôtre. Quels que soient les reproches que mérite notre époque, il y a une justice qu'on peut en attendre; car le sens moral a grandi chez nous, la conscience publique s'est élevée : c'est à la conscience et au sens moral que je m'adresse.

Eh bien! donc, toutes les fascinations de l'esprit mises à part, il s'agit de savoir, au vrai, quel homme était Voltaire, et s'il mérite cette apothéose, ou si la conscience publique n'a pas ici à faire entendre contre lui des réprobations sévères. Il s'agit d'examiner si son œuvre et le caractère impie et provocateur de ce Centenaire ne devaient pas vous interdire à vous, Messieurs, de remettre l'argent de vos concitoyens à un Comité qui a imaginé cette insulte publique à la foi religieuse de la France.

Ce qui explique, je ne dis pas ce qui excuse votre conduite, mais ce qui l'explique, c'est ce qu'écrivait un littérateur, partisan d'ailleurs, à un autre point de vue, de votre manifestation, dans un certain article, où parlant de Voltaire et de Rousseau : « Ces écrivains, disait-il, sont très-célèbres, mais TRÈS-INCONNUS DANS LEUR PROPRE PAYS, où l'on admire de confiance, et où l'ignorance, jusqu'ici, a toujours été si obligatoire et si coûteuse. »

*La Vie Littéraire* a raison : non, Messieurs, vous ne connaissez bien ni Rousseau, ni Voltaire. Je vais vous les faire mieux connaître, c'est mon premier devoir. Mais d'abord, ils vont se faire connaître eux-mêmes, et vous les connaîtrez avant tout l'un par l'autre.

Veuillez bien l'entendre, Messieurs : il ne s'agit ici, en aucune façon, de politique ; ce que je fais, sous tous les régimes je le ferais. Vous outragez la religion et les chrétiens : je suis évêque, je les défends.

Veuillez agréer, Messieurs, l'hommage des sentiments que j'ai l'honneur de vous offrir.

† F., *Evêque d'Orléans.*

# DEUXIÈME LETTRE

---

## VOLTAIRE ET ROUSSEAU.

MESSIEURS,

Vous avez eu d'abord le dessein d'associer dans la même « manifestation nationale » et la même « apothéose, » Voltaire et Rousseau. Mais y avez-vous bien pensé? Ignorez-vous donc ce que ces deux hommes furent l'un pour l'autre, ce qu'ils ont dit l'un de l'autre, ce qu'ils ont fait pour se déshonorer l'un l'autre. Jamais le mépris et la haine n'ont été poussés plus loin. Jamais ennemi furieux n'épuisa à ce degré le vocabulaire des injures les plus odieuses et les plus atroces pour accabler un ennemi mortel.

Assurément, les plus étonnés de se trouver ainsi rapprochés et réunis dans une commune fête, ce seraient ces deux hommes eux-mêmes.

Si le peuple était éclairé sur ce que vous voulez faire, il trouverait avec raison dans son bon sens, et avec indignation dans son honneur, que vous lui préparez une dérision amère, une moquerie qui passe la permission. Mais je n'en doute pas, vous ne connaissez bien ni l'un ni l'autre de ces deux hommes; et si cette ignorance vous fait un certain honneur, ce que, dans l'entraînement de votre haine contre le Christianisme, vous avez décidé avec une légèreté inconcevable, ne peut vous en faire aucun.

Jugez-en vous-mêmes; et d'abord écoutez Rousseau sur Voltaire :

Vous me parlez de *ce Voltaire*, écrit Rousseau à M. de Moultou. Pourquoi le nom de *ce baladin* souille-t-il vos lettres?... JE LE HAÏRAIS DAVANTAGE, SI JE LE MÉPRISAIS MOINS... Je ne vois dans ses grands talents qu'un opprobre de plus qui le déshonore par l'indigne usage qu'il en fait... Ses talents ne lui servent, *ainsi que ses richesses*, qu'à nourrir LA DÉPRAVATION DE SON CŒUR (1).

Je lui ai écrit une fois que je le haïssais, et je lui en ai dit les raisons. Il ne m'a pas écrit la même chose, mais il me l'a fait vivement sentir.

Et en effet, Voltaire lui-même cite de Rousseau la lettre suivante :

Je ne vous aime point, Monsieur; vous m'avez fait les maux qui pourraient m'être les plus sensibles... Vous avez aliéné de moi mes concitoyens... C'est vous qui me rendez le séjour de mon pays insupportable... C'est vous qui me ferez mourir en terre étrangère... Je vous HAIS enfin, parce que vous l'avez voulu (2).

Jean-Jacques haïssait donc et méprisait Voltaire; il méprisait L'HOMME, le *baladin, le cœur dépravé;* ou, comme il dit encore, l'homme à *l'âme vile et basse.*

(1) *Correspondance*, lettre du 29 janvier 1760.
(2) Lettre du 17 juin 1760.

Ainsi donc, la satire, le noir mensonge et les libelles sont devenus les armes de M. de Voltaire... *Ce fanfaron d'impiété*, ce beau génie et CETTE AME BASSE; cet homme si grand par ses talents et SI VIL par leur usage, nous laissera de longs et cruels souvenirs de son séjour parmi nous. La ruine des mœurs, la perte de la liberté, qui en est la suite inévitable, seront, chez nos neveux, les monuments de sa gloire et de notre reconnaissance. S'il reste dans leur cœur quelque amour de la patrie, *ils détesteront sa mémoire et il en sera plus maudit qu'admiré* (1).

Et voici le portrait que Rousseau faisait de Voltaire à Stanislas, roi de Pologne, et comment il flétrissait ses hypocrisies et ses lâchetés.

Couvrir sa méchanceté du dangereux manteau de l'hypocrisie, ce n'est pas honorer la vertu, c'est l'outrager en profanant ses enseignes; c'est ajouter la lâcheté et la fourberie à tous les autres vices. Il y a des caractères élevés qui portent dans le crime je ne sais quoi de fier et de généreux, qui laissent voir au dedans encore quelque étincelle de ce feu céleste, fait pour ranimer les belles âmes; mais l'âme vile et rampante de l'hypocrite est semblable à un cadavre, où l'on ne trouve plus ni feu, ni chaleur, ni ressource à la vie (2).

Et si Rousseau exécrait et méprisait à ce point l'homme dans Voltaire, il ne méprisait pas moins le philosophe, lisez, Messieurs, ce passage des *Confessions*:

Frappé de voir ce pauvre homme, accablé, pour ainsi dire, de prospérités et de gloire, déclamer toutefois amèrement contre les misères de cette vie, et

(1) Lettre au pasteur Vernet, du 29 novembre 1760.
(2) Réponse au roi de Pologne.

trouver toujours que tout était mal, je formai *l'insensé projet de le faire rentrer en lui-même* et de lui prouver que tout était bien. Voltaire, en paraissant toujours croire en Dieu, n'a réellement jamais cru qu'au diable, puisque son Dieu prétendu n'est qu'un être malfaisant qui, selon lui, ne prend de plaisir qu'à nuire. L'absurdité de cette doctrine, qui saute aux yeux, est surtout révoltante dans un homme comblé des biens de toute espèce, qui, du sein du bonheur, cherche à désespérer ses semblables par l'image affreuse et cruelle de toutes les calamités dont il est exempt. Autorisé plus que lui à compter et peser tous les maux de la vie humaine, j'en fis l'équitable examen et je lui prouvai que de tous ces maux il n'y en avait pas un dont la Providence ne fût disculpée et qui n'eût sa source dans l'abus que l'homme a fait de ses facultés plus que dans la nature elle-même (1).

Pour toute réponse à l'écrit de Jean-Jacques, Voltaire ricana :

Vous êtes surpris que ma lettre sur la Providence n'ait pas empêché *Candide* de naître. C'est elle, au contraire, qui lui a donné naissance ; *Candide* en est la réponse. L'auteur m'en fit une de plus de deux pages dans laquelle il battait la campagne, et *Candide* parut six mois après. JE VOULAIS PHILOSOPHER avec lui, *en réponse il m'a* PERSIFFLÉ.

Rousseau continue et nous apprend que tout ce que pouvait Voltaire pour déshonorer Rousseau, il le faisait :

... Voltaire a fait imprimer et traduire ici (Londres) par ses amis une lettre adressée à moi, où *l'arrogance* et *la brutalité* sont portées à leur comble et où il s'ap-

(1) Liv. IX.

plique, *avec une noirceur infernale*, à m'attirer la haine de la nation. Heureusement la sienne est si maladroite, il a trouvé le secret d'ôter si bien tout crédit à ce qu'il peut dire, que cet écrit ne sert qu'à augmenter *le mépris* que l'on a ici pour lui. *La sotte hauteur que ce pauvre homme affecte est un ridicule qui va toujours augmentant.*

IL CROIT FAIRE LE PRINCE, ET NE FAIT QUE LE CROCHETEUR. IL EST SI BÊTE QU'IL NE FAIT QU'APPRENDRE A TOUT LE MONDE COMBIEN IL SE TOURMENTE DE MOI (1).

Ainsi donc, selon Jean-Jacques, Voltaire n'est qu'un *baladin*, une *âme dépravée*, une *âme basse*, un *polichinelle* (2); un corrompu et un corrupteur, un homme *vil* par l'usage qu'il a fait de ses talents; *lâche* et *fourbe*, *couvrant sa méchanceté du dangereux manteau de l'hypocrisie ;* un triste philosophe qui *persifle* au lieu de *philosopher ;* aussi Jean-Jacques le déteste et le *méprise* ; et il déclare que ses compatriotes doivent *détester sa mémoire* et LE MAUDIRE.

Et il disait à Brossette :

« Quant à ce qu'il vous plaît de mettre M. de Voltaire et moi SUR LE MÊME TRÔNE, je vous avoue que je sens quelque peine à DESCENDRE SI BAS (3). »

Voilà, Messieurs, ce que Rousseau pensait de Voltaire.

Voyons maintenant comment Voltaire jugeait Jean-Jacques :

Je voudrais que Rousseau ne fût pas tout à fait fou,

(1) Lettre à M. d'Ivernois, 31 mai 1766.
(2) Lettre à la Maréchale de Luxembourg, 21 juillet 1762.
(3) La Harpe : *Cours de littérature*, 3e partie, t. I, sect. II.

mais il l'est. Il m'a écrit une lettre pour laquell faut *le baigner*, et lui donner *des bouillons rafraîc sants* (1).

*Votre petit écervelé de Jean-Jacques...* Le pau diable est *pétri d'orgueil, d'envie, d'inconséquences, contradictions et de misère* (2).

Mon cher frère avait bien raison de me dire Jean-Jacques... était *l'opprobre du parti.* Je prie m cher frère de me mander s'il a reçu le paquet du n decin anglais. Le médecin aurait dû faire l'opérat de la transfusion à Jean-Jacques, et lui mettre d'au sang dans les veines; CELUI QU'IL A EST COMPOSÉ DE TRIOL ET D'ARSENIC. *Je le crois un des plus malheur hommes qui soient au monde, parce qu'il est un des p méchants* (3)...

Ailleurs il l'appelle UN MAGOT AMBULANT... bours flé d'orgueil, UN IGNOBLE BABOUIN.

Jean-Jacques s'est bien fait voir ce qu'il est, un f et un vilain fou, dangereux et méchant, ne croyan la vertu de personne, parce qu'il n'en trouve pas sentiment au fond de son cœur; — sentiment Voltaire trouvait sans doute, au fond du sien — m gré le beau pathos avec lequel il en fait sonner nom; ingrat, et, qui pis est, haïssant ses bienfaite (c'est de quoi il est convenu plusieurs fois lui-mêm et ne cherchant qu'un prétexte pour se brouiller a eux, afin d'être dispensé de la reconnaissance (4).

*Tous les honnêtes gens de Genève regardent Je Jacques comme un monstre; pour moi, je ne le rega que comme un fou; je le crois malheureux à propor*

(1) Lettre à d'Alembert, 23 juin 1760.
(2) Au même, 16 juillet 1764.
(3) Lettre à Damilaville, 31 décembre 1764.
(4) Lettre à d'Alembert, 11 août 1766.

*de son orgueil, c'est-à-dire qu'il est l'homme du monde le plus à plaindre* (1).

Rousseau n'est qu'un fou et un plat monstre d'orgueil (2).

On a pitié d'un fou, dit-il ensuite, en parlant de Jean-Jacques, mais quand la démence devient fureur, on le lie...

Une folie qui blasphème, peut-elle avoir d'autre médecin que la même main qui a fait justice de ses autres scandales (3)...

Est-ce un savant qui dispute contre des savants? Non, c'est l'auteur d'un opéra et de deux comédies sifflées! Est-ce un homme de bien, qui, trompé par un faux zèle, fait des reproches indirects à des hommes vertueux? Nous avouons avec douleur et en rougissant que c'est un homme qui *porte encore les marques funestes de ses débauches*, et qui, déguisé en saltimbanque, traîne avec lui de village en village, et de montagne en montagne, LA MALHEUREUSE DONT *il fit mourir la mère*, et *dont il a exposé les enfants à la porte d'un hôpital*, en rejetant les soins qu'une personne charitable voulait avoir d'eux, et en abjurant tous les sentiments de la nature, comme il dépouille ceux de l'honneur et de la religion (4).

CET INFAME JEAN-JACQUES EST LE JUDAS DE LA CONFRÉRIE PHILOSOPHIQUE...

Quand on a donné des éloges à ce polisson, c'est alors qu'on offrait une chandelle au diable (5).

Le polisson, le polisson, s'il vient au pays, je le

(1) Lettre à Damilaville, 27 février 1765.
(2) Lettre à d'Alembert, 7 août 1766.
(3) *Sentiments des citoyens*, p. 77, t. LXII, édition Beuchot.
(4) *Ibid.*, p. 81.
(5) A d'Alembert, 28 août 1765.

ferai mettre dans un tonneau avec la moitié d'un manteau sur son vilain petit corps à bonnes fortunes (1).

Ah ! le faquin ! ah ! le petit polisson ! ah ! le petit singe ! il me payera ça si je retrouve ce charlatan, ce tonneau de vinaigre, où se trouve à peine mélangé un filet d'esprit de vin.

C'est UN PETIT SINGE *fort* bon à enchaîner ET A MONTRER A LA FOIRE POUR UN SOU...

Il mériterait la haine, s'il n'était accablé du plus profond mépris... *Un singe qui mord ceux qui lui donnent à manger est plus raisonnable* et plus heureux que lui... C'est LE PLUS MÉCHANT COQUIN *qui ait jamais déshonoré la littérature...*

IL N'Y A JAMAIS EU DE PAREIL MONSTRE, dans la littérature, pas même Fréron...

C'est *un malade... qui mériterait* AU MOINS LE PILORI, *s'il ne méritait les Petites-Maisons* ; c'est *un fou, archifou* ; un *brouillon*, un *délateur*, un *calomniateur* ; une AME PÉTRIE DE BOUE ET DE FIEL ; un JUDAS ; un PETIT SINGE *de la philosophie*.

Un *Diogène*, DESCENDANT DIRECT ET DESCENDANT ENRAGÉ DU CHIEN DE DIOGÈNE ET DE LA CHIENNE D'EROSTRATE.

Je crois que la chienne d'Erostrate, ayant rencontré le chien de Diogène, fit des petits, dont J.-J. Rousseau est descendu en droite ligne (2).

Cet archifou trouve quatre à cinq douves pourries du tonneau de Diogène, et il se met dedans pour aboyer.

(1) A Damilaville, 28 juillet 1765.
(2) *Id.*, *ibid.*

C'est dommage pour la philosophie que Jean-Jacques soit *un fou*, mais il est encore plus triste que ce soit un malhonnête homme (1).

Dans un vallon, fort bien nommé Travers,
S'élève un mont, vrai séjour des hivers...
Au pied du mont sont des antres sauvages,
Du Dieu du jour ignorés à jamais :
C'est de Rousseau le digne et noir palais.
Là se tapit CE SOMBRE ÉNERGUMÈNE,
CET ENNEMI DE LA NATURE HUMAINE,
PÉTRI D'ORGUEIL ET DÉVORÉ DE FIEL ;
Il fuit le monde et craint de voir le ciel.
Et cependant, sa triste et vilaine âme,
Du Dieu d'amour a ressenti la flamme...
*Une infernale et hideuse sorcière*
*Suit en tout lieu* LE MAGOT AMBULANT,
*Comme la chouette est jointe au chat-huant*. .
*Avec un front de pudeur dépouillé*,
Cet étourdi souvent a barbouillé
*De plats romans, de fades comédies*,
Des opéras, de minces mélodies...

L'ingratitude est son premier mérite.
Par grandeur d'âme, il hait ses bienfaiteurs ;
Versez sur lui les plus nobles faveurs,
Il frémira qu'un homme ait la puissance,
La volonté, la coupable impudence
De l'avilir en lui faisant du bien.
Il tient beaucoup en naturel du chien.
Il jappe et fuit, et mord qui le caresse (2).

(1) Voir quantité de lettres où ces injures sont ressassées, 19 février, 19 mars, 20 avril, 22 avril 1761. — 21 juillet 1762, 8 janvier 1765, etc., etc.
(2) *Guerre de Genève*.

Est-ce assez de mépris déversé sur un homme, Messieurs ? je vous le demande.

En vérité, vous choisissez bien les idoles que vous présentez à l'adoration du peuple !

Mais écoutez encore les jugements de Voltaire sur les œuvres de Jean-Jacques : sur *la Nouvelle Héloïse, l'Emile, le Contrat social.*

Son *Héloïse* me paraît écrite *moitié dans un mauvais lieu,* et *moitié aux Petites-Maisons*. Une des INFAMIES DE CE SIÈCLE est d'avoir applaudi quelque temps à ce MONSTRUEUX OUVRAGE (1).

*Emile* n'avait pas encore paru que Voltaire disait :

Je n'ai point encore cette *Education* de l'homme le plus mal élevé qui soit au monde. Ce *polisson* s'avise d'écrire sur l'*éducation !* Mais auparavant, il eut fallu qu'il eût eu de l'éducation lui-même (2).

*Emile* paraît, Voltaire s'écrie :

C'est un fatras d'une sotte nourrice en quatre tomes, et par une inconséquence digne DE CETTE TÊTE SANS CERVELLE et de ce DIOGÈNE SANS CŒUR, il dit autant d'injures aux philosophes qu'à Jésus-Christ (3).

(1) Lettre à Mme du Deffand, 8 août 1770.
(2) Lettre à Damilaville, 4 juin 176..
(3) Lettre à Damilaville, 14 juin 1762.
Le chef d'une grande institution laïque de Paris m'a raconté qu'un honnête épicier, grand admirateur d'*Emile*, lui amena son fils un jour, mais en lui disant : « Monsieur, j'ai lu *Emile*, et je veux que mon fils soit élevé à la Jean-Jacques ; vous aurez donc soin de ne lui parler jamais de Dieu. » A quoi l'honorable chef d'institution répondit : « Monsieur, je n'élève pas à la Jean-Jacques ; vous pouvez remmener votre fils. »
Comme il y a peut-être encore à l'heure qu'il est, à Paris, quelques épiciers et autres dans ces principes, et que, d'ailleurs, M. Barodet a introduit naguère ce beau système d'éducation dans un curieux document législatif, qui n'est ni plus ni moins qu'un vaste projet de loi sur l'enseignement primaire, ces Messieurs feront bien de méditer le jugement porté sur *Emile* par Voltaire.

Le *Contrat social* a-t-il été plus favorablement apprécié par Voltaire? Lisez, Messieurs, la satire qu'il en fit dans ses *Idées républicaines par un citoyen de Genève.*

Rousseau écrit : La démocratie ne convient « qu'aux Etats petits et pauvres. » Voltaire se moque. — A propos d'une autre proposition, il dit : « Cette proposition du *Contrat social* serait pernicieuse, si elle n'était d'une fausseté et d'une absurdité évidente. » — Sur une autre question : « Cette thèse du *Contrat social* n'est qu'extravagante... Cette idée est digne d'un précepteur qui, ayant un jeune gentilhomme à élever, lui fit apprendre le métier de menuisier. » — Plus loin : « Tout cela est d'une fausseté révoltante... Tant d'ignorance jointe avec tant de présomption indigne tout homme instruit... Quand on sait enfin quel est l'auteur de ces inepties, on se contente de rire. »

Abordant une autre doctrine du *Contrat social*, Voltaire dit un peu plus loin : « Cet AMAS INDÉCENT de *petites antithèses* CYNIQUES ne convient nullement à un livre sur le gouvernement. » — A la page suivante : « Autant de mots, autant d'erreurs. » Bref, Voltaire conclut ainsi sur le *Contrat social* : « Si on se donnait la peine de lire attentivement ce livre du *Contrat social*, il n'y a peut-être pas de page où l'on ne trouvât des erreurs et des contradictions. »

Si j'écrivais cela, moi, Messieurs, du *Contrat social*, vous pousseriez des cris. Eh bien! ce n'est pas moi, c'est Voltaire.

Mais, s'il faut penser ainsi, avec Voltaire, du *Contrat social*, d'*Emile*, d'*Héloïse*, que reste-t-il de l'œuvre de Rousseau?

En tout, Messieurs, si Voltaire a raison contre Rousseau, qu'est-ce que Rousseau ? Mais si Rousseau a raison contre Voltaire, qu'est-ce que Voltaire?

Quant aux *Lettres de la Montagne*, voici le jugement qu'en fait Voltaire :

La démence ne peut plus servir d'excuse quand elle fait commettre des crimes (1).

Il appelle ailleurs Rousseau, à propos de ces *Lettres de la Montagne*, « un homme à idées creuses et à paradoxes singuliers... l'auteur de tant de fatras. »

Et quel est, aux yeux de Voltaire, le crime des *Lettres de la Montagne?* La chose est assez plaisante, Messieurs, et vous préparera déjà à comprendre ce mot si juste de M. Sainte-Beuve sur Voltaire : « Toute sa vie a été une comédie. » Ce crime, c'est que : « Après avoir insulté Jésus-Christ, il outrage les ministres de son Évangile, » et dit sur la religion d'autres paroles qui le « font frémir, » lui, Voltaire, le pieux personnage !...

Vous voyez déjà, Messieurs, quel comédien était Voltaire.

Ailleurs, Voltaire appelle Rousseau « vil séditieux (2). »

Bref Voltaire conclut ainsi sur Rousseau :

*Jean-Jacques Rousseau n'est bon qu'à être oublié*, il sera comme Ramponeau qui a eu un moment de vogue à la Courtille ; à cela près que Ramponeau a eu cent fois moins de vanité et d'orgueil que LE PETIT POLISSON DE GENÈVE (3).

(1) *Sentiment des Citoyens*, t. XLII, p., 78.
(2) Tome XLII, p. 84.
(3) Lettre à Damilaville, 28 décembre 1765.

Rousseau, il est vrai, ne restait pas en arrière et répondait en traitant Voltaire de *baladin*, de *crocheteur*, de polichinelle, de pauvre radoteur (1), et de grand comédien (2); et ils prennent tous deux le soin de nous apprendre eux-mêmes que le mépris qu'ils avaient l'un pour l'autre les empêchait seuls de se haïr autant qu'ils l'auraient voulu.

Eh bien, Messieurs, je vous le demande, du « *polisson de Genève* » ou du « *baladin de Paris*, *fanfaron d'impiété*, » qui des deux mérite les honneurs « de l'apothéose ? »

Jean-Jacques haïssait et méprisait Voltaire; Voltaire détestait et bafouait Jean-Jacques, vous venez de voir à quel degré. Et vous, Messieurs, vous dites au peuple : Devant eux, prosternez-vous.

Je vous le demande, quand jamais des hommes qui se respectent, osèrent-ils telle chose?

Ah ! Messieurs les beaux esprits, adorez de tels Dieux, si bon vous semble; c'est votre affaire. Mais, ne méprisez pas à ce point le peuple, et ne l'abaissez pas jusque là.

Dans les conférences que vous lui faites, lui dites-vous ces choses, à ce pauvre peuple ? Ou, si vous ne les lui dites point, n'est-ce pas de peur que, mieux éclairé sur ces idoles, il ne vous crie, dans son bon sens et dans son honneur : « Ah! ça, Messieurs, vous vous moquez donc de moi ! »

Quoi qu'il en soit, JE VOUS DÉFIE DE LES LUI DIRE.

Veuillez agréer....., etc.

(1) 19 juillet 1766, à M. du Peyrou.
(2) Lettre à Millord Maréchal, 21 mars 1763.

# TROISIÈME LETTRE

## VOLTAIRE ET LES JUGES IRRÉCUSABLES.

MESSIEURS,

Ce que Rousseau pensait de Voltaire, et ce que Voltaire pensait de Rousseau, vous le savez maintenant ; mais il y a lieu d'opposer à vos admirations indistinctes et à votre étrange enthousiasme, d'autres témoignages encore.

Voici des juges compétents, des autorités irrécusables. Je me borne à placer simplement leurs témoignages sous vos yeux.

Et d'abord voici un révolutionnaire de bon aloi, Messieurs, un véritable ancêtre. Qui fut plus révolutionnaire que lui ? Il est compté, d'ailleurs, par un journal non suspect, *le Réveil*, parmi les fils légitimes, parmi les descendants directs de Voltaire : c'est Marat. Ecoutez-le ; Voltaire a révolté jusqu'à Marat :

### Témoignage de MARAT :

Voltaire.. ne montra d'originalité que dans la finesse de ses *flagorneries ; écrivain scandaleux, qui pervertit la jeunesse* par les leçons *d'une fausse philosophie*, et dont LE CŒUR FUT LE TRÔNE DE L'ENVIE, DE L'AVARICE, DE LA MALIGNITÉ, DE LA VENGEANCE, DE LA PERFIDIE, ET DE TOUTES LES PASSIONS QUI DÉGRADENT L'ESPÈCE HUMAINE (1).

### Témoignage de MIRABEAU :

L'année même où mourait Voltaire, Mirabeau écrivait ceci :

En général, tout ce qu'a fait Voltaire depuis *Tancrède... aurait dû être brûlé* avant d'être rendu public, par respect pour lui. Il a outragé M. de Buffon, *comme tous les grands hommes*; je dis *tous*, sans en oublier un seul, mort ou vivant... Je ne crois pas qu'il y ait *rien de plus ridicule au monde* que tout ce que Voltaire a écrit sur l'histoire naturelle, tant l'*ignorance* et *la satire* peuvent *avilir!* IL FUT POSSÉDÉ DE L'ENVIE LA PLUS INFERNALE (2).

### Témoignage de BRISSOT :

Brissot voulant défendre Jean-Jacques contre les turpitudes que Voltaire lui reprochait justement, s'écrie dans ses *Mémoires* :

Comment s'est conduit Voltaire? Il raconte des anecdotes cent fois plus horribles d'un de ses bienfaiteurs, de son ami, du Salomon du Nord; et cet écrit voit la lumière du vivant même du prince qu'il outrage!... Comme le caractère de l'Aristippe moderne me paraît à nu dans ses *Mémoires!* On l'y voit louer, admirer en public un prince dont il ravale en secret le mérite, dont il ridiculise les vices; on le voit jeter le ridicule et l'opprobre à pleines mains sur une foule

(1) *L'Ami du Peuple*, 6 avril 1791.
(2) *Lettres à Sophie.*

de personnages qui en versent encore aujourd'hui des larmes ; on le voit détruire par ses satires les réputations qu'il avait créées par ses éloges; on le voit ironique, JALOUX, MÉCHANT, et s'applaudissant de SES MÉCHANCETÉS et de *ses sarcasmes*.

Je vous fais grâce, Messieurs, des faits cités par Brissot pour démontrer l'abjection et la lâcheté de Voltaire.

**Témoignage de FAUCHET :**

Menteur en philosophie, penseur fort plat, il exerçait un despotisme moqueur qu'applaudissaient *les têtes vides*, et *qui faisait sourire les vrais savants*. D'ailleurs TOUTES LES IDÉES D'ÉGALITÉ RÉPUGNAIENT A SON ORGUEIL. *Il trouvait la plupart des abus de notre ordre social fort bons*, à raison de ce qu'il était *gentilhomme ordinaire, seigneur châtelain*, homme de grand ton, et *fort aristocrate* (1).

**Témoignage de LA HARPE :**

Prodiguant le mensonge, et le sel, et l'injure,
DE CENT MASQUES DIVERS IL REVÊT L'IMPOSTURE,
Impose à l'ignorant, insulte à l'homme instruit,
Il sut jusqu'au vulgaire abaisser son esprit,
FAIRE DU VICE UN JEU, DU SCANDALE UNE ÉCOLE...

**Témoignage de JOUBERT :**

Voltaire a comme le singe... les traits hideux. On voit toujours en lui, au bout d'une habile main, un laid visage... Il n'est jamais sérieux. C'est un *farfadet* que ses évolutions font paraître *quelquefois* un génie grave... SES GRACES MÊMES SONT EFFRONTÉES. Voltaire a, par son influence, et le laps de temps, ôté aux hommes la sévérité de la raison ; il a corrompu l'air de son siècle... Voltaire avait... LE SENS MORAL

(1) Discours prononcé en 1790.

DÉTRUIT... Quelque haine ou quelque mépris lui a fait faire tous ses ouvrages... On eût dit que les maux et les défauts de la société n'existaient que pour sa bile ou sa mauvaise humeur, car il en riait et s'en irritait, *sans jamais les plaindre*... Voltaire EST L'ESPRIT LE PLUS DÉBAUCHÉ; et ce qu'il y a de pis, c'est qu'on se débauche avec lui (1).

**Témoignage de Mme de STAEL :**

*Candide* semble être écrit par un être content de nos souffrances, et riant comme *un démon* ou comme *un singe*, des misères de cette espèce humaine avec laquelle il n'a rien de commun (2).

**Témoignage de Benjamin CONSTANT :**

LE VOLTAIRIANISME DESCEND DE SES TRÉTAUX USÉS! Pour rire encore avec Voltaire aux dépens des Livres-Saints, il faut posséder deux qualités qui rendent cette gaieté fort triste : une grande ignorance et une grande légèreté.

**Témoignage du** *JOURNAL DES DÉBATS* (3) :

*Ce gouffre immense d'ordures, de sottises, d'impiétés, de mensonges et de bouffonneries* où surnagent quelques écrits estimables, n'a point d'attrait pour un lecteur honnête... Sa vie n'a été qu'un long scandale... Sa philosophie devint excellente pour convertir les fêtes en deuil, les palais en prisons, les arts en barbarie. Faut-il d'autres preuves de sa faiblesse que LES MOMERIES ET LES MASCARADES CONTINUELLES QUI ONT DÉSHONORÉ SA VIE? Je vois un homme reniant ses ouvrages, faisant des actes de religion, signant des professions de foi, tourmenté de la crainte des magistrats et de la police, un homme enfin toujours couvert de la peau du renard et de celle du lion; n'est-ce pas là un poltron et un hypocrite?

(1) *Pensées*, t. II, p. 365-66.
(2) *L'Allemagne*.
(3) 18 fructidor an IX.

### Témoignage de BÉRANGER :

Après avoir dénoncé « les préférences de Voltaire » pour les ennemis de la France, Béranger ajoute :

Je le pris presque EN HAINE, lorsque je lus le poëme où il outrage Jeanne d'Arc, véritable divinité patriotique qui, dès l'enfance, fut l'objet de mon culte (1).

### Témoignage de CHATEAUBRIAND :

Il est malheureux de rencontrer sans cesse cet homme célèbre dans l'histoire littéraire du dernier siècle et de l'y voir jouer si souvent un rôle peu digne *d'un honnête homme* et d'un beau génie (2).

### Témoignage de Charles NODIER :

Otez à Voltaire quelques lambeaux d'amour et de tolérance, dépouilles profanées du Christianisme, dont il faisait ses beaux jours, vous verrez qu'il n'a, pour voiler sa triste philosophie, que les hideux haillons d'un athée aux entrailles de fer.

### Témoignage de M. RENAN :

Voltaire ne comprenait ni la Bible, ni Homère, ni l'art grec, ni les religions antiques, ni le christianisme, ni le moyen âge... Au XVIIIe siècle, on ne voulut pas de la science sérieuse, libre et grave ; on eut *la bouffonnerie*, l'incrédulité railleuse et superficielle de Voltaire... Ses fades plaisanteries, son ton narquois, SES HYPOCRITES PLAISANTERIES... L'EXÉGÈSE DE LA POLISSONNERIE (3).

(1) *Correspondance.*
(2) Chateaubriand, *Mélanges littéraires,* édit. Pourrat, t. VIII, p. 223.
(3) *Revue des Deux Mondes,* 1er mai 1864 ; 1er novembre 1865. Préface du livre publié par le Dr Kuenen.

### Témoignage de M. TAINE :

M. Taine, dans un livre d'une étude très-approfondie sur la Révolution, et au milieu de la plus brillante appréciation de Voltaire, ne peut s'empêcher d'en écrire :

... Magicien impatient qui, en un clin d'œil, fait le tour du monde, et qui, enchevêtrant coup sur coup l'histoire, la fable, la vérité, la fantaisie, le temps présent, le temps passé, encadre son œuvre tantôt *dans une parade aussi saugrenue que celles de la foire*, tantôt dans une féerie plus magnifique que toutes celles de l'Opéra. Amuser, s'amuser... voilà son premier instinct.

A chaque page, tantôt avec un mouvement rude de naturaliste hardi, tantôt avec un *geste preste* DE SINGE POLISSON, Voltaire écarte la draperie sérieuse ou solennelle, et nous montre l'homme, pauvre bimane, dans quelles attitudes (1) !

### Témoignage de M. HENRI MARTIN.

Après avoir démontré sa pauvreté scientifique, M. Henri Martin, analysant, dans son *Histoire de France*, les écrits philosophiques de Voltaire, et mettant en relief ce double signe d'un esprit absolument antiphilosophique, la confusion des idées et l'admission simultanée d'idées contradictoires, exclusives les unes des autres, s'exprime ainsi sur la pauvreté philosophique de cet homme :

Voltaire était encore moins propre à devenir un grand métaphysicien qu'un grand physicien... Il

(1) *Les Origines de la France contemporaine*, par H. Taine, p. 345 et 347.

s'enfonce de plus en plus dans les *inconséquences* d'un *système bâtard* qui associe illogiquement *le matérialisme au déisme*.

Le même critique signale encore dans Voltaire :

*Des à peu près éblouissants*, des impropriétés sonores... l'abus de la périphrase déguisant mal le relâchement de la pensée et du style ;

En philosophie, des propositions dangereuses à donner le vertige, et plus incompréhensibles que les mystères les plus étranges d'aucune religion positive.

Et surtout, ce que M. Henri Martin appelle son honteux chef-d'œuvre et la « tache vraiment ineffaçable de sa vie, » dans cet abominable poëme, où il l'accuse d'avoir joué avec ce qu'il y a de plus sacré, avec *l'idéal vivant de la nationalité*.

Et enfin, pour son *Essai sur les Mœurs*, M. Henri Martin élève contre lui la plus grave des accusations ; car il écrit : C'EST L'AME DES CHOSES, si l'on peut dire, QU'IL MÉCONNAIT (1).

### Témoignage de M. Ed. LABOULAYE.

Il fallait qu'au XVIIIe siècle, le mépris du passé fût poussé bien loin pour que Voltaire pût prendre pour héroïne d'un poëme infâme Jeanne d'Arc, avec l'intention de la déshonorer...

Supposez qu'aujourd'hui on osât s'attaquer à une vertu aussi pure, fût-on le plus grand poëte de France, on tomberait sous le mépris public (2).

(1) Tome XV, pages 371, 382, 388, 391, 403.

(2) Cours professé au Collège de France, décembre 1866 (*Revue des cours littéraires*, t. XV, p. 36).

**Témoignage de M. SAINTE-BEUVE :**

Ce n'était pas un DÉMOCRATE que Voltaire, et il n'est pas mauvais de le rappeler à ceux QUI, DE LOIN ET POUR LE BESOIN DE LEURS SYSTÈMES, veulent nous donner un Voltaire accommodé à la Jean-Jacques. Quand on aime à étudier les hommes et à les voir tels qu'ils sont, on ne saurait s'accoutumer à ces STATUES SYMBOLIQUES dont on menace de faire les IDOLES DE L'AVENIR...

Voltaire s'est peint à nous :

> Toujours un pied dans le cercueil,
> De l'autre faisant des gambades.

*Cette bouffonnerie*, qui ira en augmentant avec l'âge, *dégénère vite en laideur* (1)...

LA VIE DE VOLTAIRE EST UNE COMÉDIE : La *correspondance avec d'Alembert nous en fait voir les coulisses et le fond*.

... *Toute cette correspondance est* LAIDE ; *elle sent la secte et le complot*, la *confrérie et la société secrète*.

De quelque point de vue qu'on l'envisage, ELLE NE FAIT POINT HONNEUR à des hommes *qui érigent* LE MENSONGE EN PRINCIPE, et qui partent *du mépris de leurs semblables* comme de la première condition pour les éclairer : *Eclairez et méprisez le genre humain !* Triste mot d'ordre. Marchez toujours *ricanant*, mes Frères, dans le chemin de la vérité : c'est le refrain perpétuel...

Jamais esprit ne s'est transformé plus habilement et *ne s'est retourné plus vite*, à vue d'œil SELON SON INTÉRÊT...

C'est toujours en homme lésé et dupé, en homme généreux et désintéressé, ne visant qu'au bien d'autrui, et ne marchandant pas d'ailleurs son plaisir, que Voltaire fait des siennes dans cette terre

(1) *Causeries du lundi*, 1850.

de Tournay et QU'IL SE PASSE TOUS SES DÉGATS ET TOUTES SES LÉSINES.

Il poussera la *bouffonnerie* et la parodie jusqu'à dire : J'ai fait le bien pour l'amour du bien même, et le Ciel me récompensera...

Le Président de Brosses avait oublié ce qu'un honnête homme oublie si aisément, c'est *que l'adversaire peut avoir recours au mensonge et à la calomnie.* VOLTAIRE NE S'EN FIT FAUTE....

J'abrège CES IGNOMINIES....

Il est impossible, lorsqu'on le connaît bien, de le prendre pour autre chose que pour un démon de grâce et d'esprit... un élément aveugle et brillant... un météore qui ne se conduit pas, plutôt que comme une personne humaine et morale.

Il faut une morale en tout ; il en faut surtout à un point d'étude qui est si affligeant et qui a pour résultat *d'étaler à nu* LES LAIDEURS ET LES VICES DE L'AME, associables avec les plus beaux dons de l'esprit... Ma morale serait donc... qu'en ayant tous nos défauts, *le pire de tous encore est de ne pas être sincère, véridique*, et DE SE ROMPRE A MENTIR.

Quand on joue ainsi de bonne heure et si gaiement avec le mensonge, il nous devient un instrument trop facile dans toutes nos passions ; LA CALOMNIE N'EST QU'UN MENSONGE DE PLUS ; C'EST UNE ARME QUI TENTE, tout menteur l'a dans le fourreau, et on ne résiste pas à s'en servir, surtout quand l'ennemi n'en saura rien...

Quant à Voltaire, je comparerais de tels esprits à des arbres dont il faut savoir choisir et savourer les fruits ; mais N'ALLEZ JAMAIS VOUS ASSEOIR SOUS LEUR OMBRE (1).

**Témoignage de M. Louis BLANC :**

Voltaire n'aima pas assez le peuple... Sa pitié n'eut

(1) *Causeries du lundi*, 1852 et *passim*.

jamais rien d'actif, et qui vînt d'un cœur vraiment démocratique; C'ÉTAIT UNE PITIÉ DE GRAND SEIGNEUR, MÊLÉE DE HAUTEUR ET DE MÉPRIS. Ouvrez sa correspondance, l'ARISTOCRATIE DE SES DÉDAINS y éclate à chaque page...

On sait jusqu'où Voltaire fit descendre, à l'égard des Grands, l'humilité de ses hommages; dans quelles puériles jouissances la faveur des cours retint sa vanité captive, et comment il aimait à se parer du titre de Gentilhomme de la Chambre. On sait qu'il fit de Louis XV un Panégyrique où l'excès de la flatterie touche au scandale; qu'un jour, s'adressant à ce Roi, il osa l'appeler Trajan; que le Duc de Richelieu, héros des roués fastueux et des libertins à la mode, l'eut pour courtisan, que dis-je? pour familier... Qu'il se mit aux pieds des Favorites, même de celle qu'une maison de débauche éleva pour les plaisirs du Maître, et qui, devenue la Royauté, en déshonora l'agonie... Né avec une nature souple, il se trouva, dès son entrée dans la vie active, égaré parmi les Vendôme, les Richelieu, les Conti, les La Fare, les Chaulieu; et dans ce cercle, IL PERDIT TOUT CE QUI CONSTITUE LES FIERS CARACTÈRES ET LES AMES VIRILES... (1)

Les grands poëtes de ce siècle n'ont pas été moins sévères pour Voltaire.

### Témoignage de LAMARTINE :

Voltaire poussa le respect des rois jusqu'à *l'adoration de leurs faiblesses*. Il excusa *les mœurs infâmes* de Frédéric. Il agenouilla la philosophie devant la maîtresse de Louis XV.

Voltaire ne rougit D'AUCUNE PROSTITUTION DE SON GÉNIE.

(1) *Histoire de la Révolution française*, t. Ier, pages 355 et suivantes.

**Témoignage de M. Victor HUGO :**

*Les Rayons et les Ombres.*

Regard jeté dans une mansarde, V et VI.

Plein de ces chants honteux, dégoût de la mémoire,
Un vieux livre est là-haut sur une vieille armoire
Par quelque vil passant dans cette ombre oublié;
Roman du dernier siècle ! œuvre d'ignominie ;
Voltaire alors régnait, CE SINGE DE GÉNIE,
Chez l'homme en mission par le Diable envoyé.

Époque qui gardas, de vin, de sang rougie,
Même en agonisant, l'allure de l'orgie !
O dix-huitième siècle, impie et châtié !
Société sans Dieu, qui par Dieu fus frappée !
Qui, brisant sous la hache et le sceptre et l'épée,
Jeune, offensas l'amour, et vieille, la pitié !

Table d'un long festin qu'un échafaud termine !
Monde, aveugle pour Christ, que Satan illumine !
HONTE A TES ÉCRIVAINS DEVANT LES NATIONS !
L'ombre de tes forfaits est dans leur renommée ;
Comme d'une chaudière il sort une fumée,
Leur sombre gloire sort des révolutions !

Frêle barque assoupie à quelques pas d'un gouffre !
Prends garde, enfant ! cœur tendre où rien encore ne [souffre] !
O pauvre fille d'Ève ! O pauvre jeune esprit !
Voltaire, LE SERPENT, LE DOUTE, L'IRONIE,
Voltaire est dans un coin de ta chambre bénie !
AVEC SON ŒIL DE FLAMME IL T'ESPIONNE, ET RIT.

Oh! tremble! CE SOPHISTE A SONDÉ BIEN DES FANGES!
Oh! tremble! CE FAUX SAGE A PERDU BIEN DES ANGES!
CE DÉMON, NOIR MILAN, fond sur les cœurs pieux,
Et les brise, et souvent, sous ses griffes cruelles.
Plume à plume j'ai vu tomber ces blanches ailes
Qui font qu'un âme vole et s'enfuit dans les cieux

Il compte de ton sein les battements sans nombre,
Le moindre mouvement de ton esprit dans l'ombre,
S'il penche un peu vers lui, fait resplendir, son œil,
*Et comme un loup rôdant*, COMME UN TIGRE QUI GUETTE,
Par moments, de Satan, visible au seul Poëte,
*La tête monstrueuse apparaît à ton seuil!*

Hélas! si ta main chaste ouvrait ce livre infâme
TU SENTIRAIS SOUDAIN DIEU MOURIR DANS TON AME.
Ce soir, tu pencherais ton front triste et boudeur
Pour voir passer au loin dans quelque verte allée
Les chars étincelants à la roue étoilée,
ET DEMAIN TU RIRAIS DE LA SAINTE PUDEUR!

*Œuvre d'ignominie*, SINGE DE GÉNIE, *par le Diable envoyé*, *serpent*, *sophiste*, *faux sage*, *démon*, *noir milan*, *Satan*, *loup rôdant*, *tigre*. — Qui donc accole à Voltaire et à ses œuvres de telles épithètes? Qui donc appelle le dix-huitième siècle une *époque de vin*, *de sang rougie*, un siècle *impie et châtié*, une *société sans Dieu*, qui

Jeune, offensa l'amour, et vieille, la pitié,

Qui donc s'écrie :

HONTE A TES ÉCRIVAINS DEVANT LES NATIONS!

Qui? Victor Hugo! un des présidents du Centenaire. O lamentable et éternelle légèreté du poëte!

Je pourrais vous citer encore, Messieurs, cet autre poëte, Alfred de Musset, et ses vers célèbres :

> Dors-tu content, Voltaire, et *ton hideux sourire*
> Voltige-t-il encore sur tes os décharnés ? etc.

Mais c'est assez.

Ces stigmates, imprimés par tant de plumes libres et vengeresses au front de cet homme, vous ne les effacerez pas, Messieurs. Toutes ces hontes, signalées par tant d'écrivains indépendants, sont sur lui et y resteront à jamais ; et la vérité, plus forte que tous les préjugés, marque de leur souverain mépris, comme d'un fer rouge, sa vie et sa mémoire, nonobstant l'enthousiasme factice et malsain de votre Centenaire.

Mais ces hommes, d'une autorité assurément non suspecte, ont-ils eu raison dans la sévérité de leur jugement ? Ont-ils réellement connu et justement apprécié Voltaire? Oui, Messieurs, et mieux que vous, sans aucun doute.

Vous aussi cependant, si vous voulez bien continuer à me lire, vous le connaîtrez à votre tour, et pourrez le juger avec la même indépendance d'esprit, avec la même honnêteté de cœur, et vous refuserez de vous prosterner et de prosterner avec vous le peuple devant une telle idole.

Veuillez agréer, etc.

---

## QUATRIÈME LETTRE.

### VOLTAIRE ET LE PEUPLE

Messieurs,

Souffrez que j'aille maintenant au fond et vous adresse aujourd'hui cette question : Est-ce le démocrate, l'ami du peuple, que vous prétendez glorifier par ces honneurs extraordinaires ? Je le pense, car vous êtes, vous, Messieurs, de vrais démocrates ; les élus glorieux du peuple de Paris ; et c'est l'argent du peuple dont vous avez disposé pour ces fêtes.

Mais ici votre erreur est grande, et, je dois l'ajouter, plus qu'étrange : car, Messieurs, la démocratie ni le peuple n'a rien à faire ni à voir avec Voltaire. Rien n'est plus connu que cela. Voltaire ne saurait être en aucune sorte le héros de la démocratie, à moins que la démocratie n'ait perdu tout bon sens et tout honneur ; Voltaire est tout le contraire d'un démocrate.

Le peuple, Voltaire l'a méprisé, bafoué, outragé ; Voltaire est un insulteur du peuple comme il n'en fut jamais. Voltaire n'a vécu qu'avec les grands et jamais avec le peuple. C'était ce que vous appelez un aristocrate, jusque dans la moelle des os : Aristocrate, non de naissance, mais de choix et par goût; un courtisan; et, je dois l'ajouter avec M. Louis Blanc, un vil courtisan; courtisan des grands seigneurs, courtisan des princes, courtisan des rois, hélas! et même des maîtresses de roi : courtisan partout et toujours, du commencement à la fin, toute sa vie. Bref, aristocrate toujours, démocrate jamais.

« Voltaire, dit M. Louis Blanc, n'aima pas assez le peuple... Ouvrez sa correspondance, l'aristocratie de ses dédains y éclate à chaque page (1). »

Et M. Louis Blanc cite, comme preuve de ces dédains aristocratiques de Voltaire pour le peuple, quelques traits de cette correspondance :

On n'a jamais prétendu éclairer les cordonniers et les servantes. (Corresp., Voltaire à d'Alembert.)

Vous avez bien raison de dire, Monseigneur, que les Génevois ne sont guère sages, mais c'est que *le peuple commence à être le maître*. (Voltaire au duc de Richelieu.)

C'est le petit nombre qui fait le public ; *le reste* est *le vulgaire*. Travaillez donc pour le petit public sans vous exposer *à la démence du grand nombre*. (Voltaire à Helvétius.)

Je vous recommande de détruire l'infâme chez *les honnêtes gens*, et de la laisser à la *canaille*. (Voltaire à à Diderot.)

La raison triomphera, au moins chez *les honnêtes gens*, *la canaille n'est pas faite pour elle*, etc. (Voltaire à d'Alembert.)

(1) *Histoire de la Révolution française*, t. I^er^, pages 355 et suivantes.

Ceux qui crient contre ce qu'on appelle le luxe ne sont guère que les pauvres de mauvaise humeur (Voltaire au Prince royal de Prusse.)

Enfin, votre parti l'emporte sur le leur dans *la bonne compagnie*. (Voltaire à Helvétius.)

C'est ainsi, ajoute M. Louis Blanc, que « dans la liberté, que dans la vérité des épanchements intimes, Voltaire traitait le peuple et les artisans. »

Mais je dois, Messieurs, pousser plus loin la démonstration, et bien que je craigne de vous faire injure, à vous qui faites profession d'honorer et d'aimer le peuple, en vous redisant quelque chose des dédains de Voltaire pour le peuple, et de ce qu'il a bien osé écrire du peuple, il le faut bien : Écoutez donc, et dites-moi s'il se peut imaginer des formules de mépris plus révoltantes.

« Le peuple sera toujours sot et barbare... CE SONT DES BŒUFS AUXQUELS IL FAUT UN AIGUILLON, UN JOUG, ET DU FOIN (1). »

Ceci vous paraît-il assez insultant? Pouvez-vous imaginer plus ou mieux ? Eh bien, c'est textuel.

Ainsi, pour Voltaire, LE PEUPLE RESSEMBLE A DES BŒUFS, il faut le mettre sous le joug, lui donner du foin, et l'aiguillonner.

Et ce n'est pas là, remarquez-le bien, Messieurs, une parole isolée, échappée à ce grand insulteur dans un moment d'oubli : non, le mépris contenu dans cette parole déborde dans les lettres de Voltaire; c'est ainsi qu'il parle sans cesse. Pour lui le peuple,

(1) Lettre à Tabareau, 3 février 1769.

ou « la populace, » comme il dit, « ou la canaille » comme il dit encore, c'est tout un.

« J'entends, dit-il, PAR PEUPLE LA POPULACE *qui n'a que ses bras pour vivre* (1). »

Vous entendez bien, Messieurs : Le peuple, ceux qui n'ont que leurs bras pour vivre, c'est ce que Voltaire appelle la populace, ou, comme il dit ailleurs, et sans cesse, « la canaille. »

« A l'égard de la canaille, dit-il, je ne m'en mêle pas ; *elle restera toujours canaille.* Je cultive mon jardin ; mais il faut bien qu'il y ait des crapauds (2). »

Et il fait au peuple l'injure de l'opposer sans cesse aux honnêtes gens. Sa théorie est celle des castes : les honnêtes gens d'un côté ; de l'autre, la canaille, le sot peuple.

« Il faut séparer le *sot peuple des honnêtes gens* pour JAMAIS !... »

« ... La raison, dit-il, triomphera, au moins chez les *honnêtes gens* : LA CANAILLE n'est pas faite pour elle (3). »

« Je vous recommande l'inf... il faut la détruire chez les honnêtes gens, et la laisser à la canaille, grande ou petite, pour laquelle elle est faite (4). »

Et ceux que Voltaire traite ainsi, c'est bien le peuple, les ouvriers ; ce sont, comme il dit, les *manœuvres*, les *laboureurs*, les *cordonniers*, les *tailleurs*, les *blanchisseurs* ou *blanchisseuses*, les *servantes ;* car, afin qu'on ne s'y trompe pas, il nomme les divers métiers.

(1) L. à Damilaville, 1er avril 1766.
(2) L. à d'Alembert, 4 juin 1767.
(3) Au même.
(4) Lettre à Diderot, 25 septembre 1762.

« On n'a jamais prétendu éclairer les cordonniers et les servantes : C'EST LE PARTAGE DES APOTRES (1). »

« Nous ne nous soucions pas que nos *laboureurs* et nos *manœuvres* soient éclairés (2). »

« C'est à mon gré, le plus grand service qu'on puisse rendre au genre humain de *séparer le sot peuple* d'avec les honnêtes gens POUR JAMAIS... On ne saurait souffrir l'absurde insolence de ceux qui vous disent : je veux que vous pensiez comme votre tailleur et votre blanchisseuse (3). »

Voilà donc ceux qui sont pour Voltaire, le peuple, le sot peuple, la populace, la canaille, et dont il dit qu'ils resteront toujours canaille. Et il ajoute : « *Je ne veux pas de cette canaille, ni pour partisans ni pour adversaires.* »

C'est tout simple : ceux pour qui on professe un tel mépris, et qu'on couvre de telles injures, quel souci peut-on en avoir ? On ne peut que leur souhaiter *du foin, un joug*, et des coups d'*aiguillon*.

Vous, Messieurs, cette POPULACE, *qui n'a que ses bras pour vivre*, vous prétendez la respecter et l'aimer, vous vous vantez de la servir, vous voulez même la moraliser et l'instruire. Voltaire, lui, ne le voulait pas ; vous venez de le voir, il n'en a cure ; *il ne s'en mêle pas*.

Que dis-je, il ne s'en mêle pas ! il s'en mêle ; il prêche ses amis en faveur de cette populace, et que demande-t-il pour elle ? L'ignorance.

(1) A d'Alembert, 2 septembre 1768.
(2) A Helvétius, 13 août 1762.
(3) L. à d'Argental, 27 avril 1765.

Oui, Voltaire a une théorie, Messieurs, et dont vous ne pouvez pas ne pas rougir. Cette abominable théorie consiste à dire que le *peuple*, ou la *canaille*, puisque pour Voltaire c'est tout un, non-seulement il ne faut pas s'en occuper, mais encore qu'on doit systématiquement le maintenir dans l'ignorance. LA RAISON NI L'INSTRUCTION, selon Voltaire, NE SONT PAS FAITES POUR LE PEUPLE...

« Il est à propos que le peuple soit *guidé* ET NON PAS QU'IL SOIT INSTRUIT : IL N'EST PAS DIGNE DE L'ÊTRE (1). »

Vous vous indignez, Messieurs, vous ne connaissez personne aujourd'hui qui osât professer un si monstrueux système. Eh bien ! Messieurs, je le répète, cette théorie, ce système, Voltaire l'a professé avec un cynisme aussi odieux que la théorie elle-même. Jugez-en, par une suite de textes :

A l'égard de la CANAILLE, je ne m'en mêle pas : elle restera toujours LA CANAILLE. »

« *Nous ne nous entendons pas sur l'article du peuple*, que vous croyez digne d'être instruit. Ainsi donc, Messieurs, si vous croyez, vous, le peuple digne d'être instruit, Voltaire vous répond qu'il ne s'entend pas avec vous. Continuons.

*J'entends par peuple la populace qui n'a que ses bras pour vivre*. Je doute que cet ordre de citoyens ait JAMAIS le temps ni la capacité de s'instruire, ils mourraient de faim avant de devenir philosophes. Il me paraît *essentiel qu'il y ait des* GUEUX IGNORANTS. Si vous faisiez valoir comme moi une terre et si vous aviez des charrues,

(1) A Damilaville, 19 mars 1766.

vous seriez bien de mon avis. Ce n'est pas le *manœuvre* qu'il faut instruire, c'est le *bon bourgeois*..... Quand la populace se mêle de raisonner, tout est perdu (1). »

Or, remarquez ceci, Voltaire avait alors soixante-douze ans; Voltaire était au comble de sa fortune et de sa gloire; Voltaire avait plus de cent mille livres de rente; il s'était fait nommer gentilhomme de la Chambre du Roi, seigneur de Ferney, comte de Tournay; il parlait ici dans l'intimité; il disait sa pensée tout entière. Voilà donc, Messieurs, ce que Voltaire pensait du peuple. C'est une vile multitude, une sotte *populace*, une *canaille*, qu'il oppose sans cesse aux *honnêtes gens* et de laquelle il ne se soucie pas. Surtout, il ne veut pas qu'on prenne jamais la peine de l'instruire :

Et cette théorie de l'abrutissement du peuple n'est pas accidentelle chez Voltaire; non, elle est ESSENTIELLE. Le mot est de lui, Messieurs : « Il est ESSENTIEL, dit-il, qu'il y ait des GUEUX IGNORANTS. » Vous avez bien lu : ESSENTIEL !

Selon lui, non-seulement le peuple ne peut pas, mais ne doit pas être instruit. « Ce n'est pas le *manœuvre* qu'il faut instruire, écrit-il; c'est le *bon bourgeois*. » Est-ce formel ? La prenez-vous bien ici encore sur le fait cette théorie de Voltaire, cette division de la société en deux castes, le *bon bourgeois* d'un côté, et le *manœuvre* de l'autre; les honnêtes gens, et la *canaille;* aux uns la raison, l'instruction, aux autres l'ignorance. Les uns faits pour dominer; les autres condamnés à un ilotisme éternel.

(1) A Damilaville, 1er avril 1766.

Et si Voltaire méprise et outrage à ce degré le peuple, s'il ne veut pas qu'on l'instruise, s'il le déclare incapable et indigne d'être instruit, il a dit pourquoi ; et c'est sur ce point surtout, que j'appelle vos réflexions : car c'est là que vous saisirez sa philosophie sociale : il méprise le peuple, il refuse de l'éclairer, il le déclare incapable et indigne d'instruction : pourquoi? parce qu'il le veut esclave, parce que, selon lui, le peuple n'est fait que pour sentir l'AIGUILLON, manger DU FOIN, et porter le JOUG. C'est pour qu'il soit *mené*, qu'il doit rester *ignorant* : « Il est à propos que le peuple soit *guidé*, et non pas qu'il soit instruit. » Que dit-il *à propos*? *Essentiel*, il vous l'a déclaré : « Il est *essentiel* qu'il y ait des gueux *ignorants*... » Attendez, et lisez jusqu'au bout, Messieurs : « Si vous faisiez valoir, comme moi, une terre, si vous aviez des charrues, vous seriez bien de mon avis. » Voltaire était seigneur de Ferney, il avait des vassaux, quand il écrivait cela à Damilaville.

Et ne vous étonnez pas de tout cela, Messieurs ; cela était logique, chez Voltaire. Vous êtes, vous, partisans de l'égalité ; mais Voltaire était un ennemi déclaré de l'égalité. Ces idées d'égalité, il les traitait de chimères, et il bafouait l'égalité comme il bafouait le peuple :

« *Le système d'égalité*, écrivait-il au maréchal de Richelieu, *m'a toujours paru l'*ORGUEIL D'UN FOU (1). » Et encore : « Je ne connais guère que Jean-Jacques

(1) 11 juillet 1770.

Rousseau à qui on puisse reprocher ces idées d'égalité et d'indépendance, et *toutes ces chimères qui ne sont que ridicules* (1). »

Ainsi pense de *l'égalité*, ainsi bafoue l'égalité, Voltaire, seigneur de Ferney. Car c'est à cela qu'il aboutit : puissamment riche, il a une terre, où il mène joyeuse vie ; et vous allez chercher, Messieurs, le démocrate dans le grand seigneur de Ferney ! Ne sentez-vous pas l'ironie et l'insulte au public qui éclate malgré vous dans ce que vous faites? Il est seigneur, vous dis-je ; seigneur féodal ; il a des vassaux, un *pilori*, et il s'en vante : « *On me reproche d'être comte de Ferney. Que ces Jean-f......là viennent donc dans la terre de Ferney : je les ferai mettre au pilori* (2). »

Avais-je raison, Messieurs, quand je vous disais que Voltaire est le contraire d'un démocrate?

Mais tout ce que j'ai été forcé de vous faire lire ici, n'est-ce pas le démenti le plus flagrant de vos principes? Si aujourd'hui un écrivain insultait à ce degré le peuple, bafouait ainsi l'égalité, rangeait l'homme qui n'a que ses bras pour vivre parmi la *canaille*, et cela POUR JAMAIS ; le déclarait *incapable* et *indigne* d'être éclairé et cela afin de lui faire porter éternellement *le joug*, et sentir l'aiguillon ; Messieurs, y aurait-il dans vos âmes assez d'indignation pour le flétrir? Eh bien! Voltaire a dit cela, tout cela, et bien d'autres choses encore ; et non pas, veuillez le remarquer, pour obéir à une nécessité ou se soustraire à une persécution, mais

(1) Au duc de Richelieu, 13 février 1771. — Voir encore : *Essai sur les Mœurs*, c. LXVII, et *Dictionnaire Philos.*, art. ÉGALITÉ.
(2) A Thibeauville, 20 mai 1760.

de l'abondance de son cœur, et parce que telle était bien sa pensée et son plus intime sentiment : « C'est ainsi, dit M. Louis Blanc, que dans la liberté, que dans la vérité des épanchements intimes, Voltaire traitait les artisans, le peuple. »

Et ce contempteur, ce cruel insulteur du peuple, vous voudriez traîner le peuple à ses pieds? Est-ce possible ?

Mais si vous faisiez cela, si vous vouliez cela, vous feriez descendre le peuple aussi bas que le voulait Voltaire, et vous descendriez plus bas vous-mêmes.

Et l'on serait en droit de vous demander si la fête que vous voulez organiser est autre chose que la plus sanglante injure à l'adresse du peuple dont vous êtes les élus.

Veuillez agréer, etc.

# NOUVELLES LETTRES

SUR LE

# CENTENAIRE DE VOLTAIRE

## CINQUIÈME LETTRE

### VOLTAIRE ARISTOCRATE ET COURTISAN

Si Voltaire avait de tels mépris pour le peuple, en revanche il avait, Messieurs, d'étranges adulations pour les grands.

Marat, dans *l'Ami du Peuple*, a été jusqu'à dire de lui, vous l'avez vu, qu'il n'a eu « d'originalité que dans la finesse de ses flagorneries. »

Noblement sévère ici, M. Louis Blanc a écrit sur Voltaire ces paroles, que j'aime à vous rappeler :

« On sait jusqu'où il fit descendre à l'égard des grands, *l'humilité de ses hommages*, dans quelles *puériles jouissances* la faveur des cours retint sa vanité captive, et *combien il aimait à se parer du titre de gentilhomme de la chambre*. On sait qu'il fit de Louis XV un panégyrique où *l'excès de la flatterie* touchait au *scandale;* qu'un jour s'adressant à ce roi, il osa l'appeler Trajan; qu'il se mit *aux pieds des favorites*, même de celle qu'une maison de débauche éleva pour les plaisirs du maître; qu'enfin il écrivait à Frédéric, roi de Prusse : « *Vous êtes fait pour être mon roi... délices du genre humain. Je rêve à vous, prince, comme on rêve à sa maîtresse! Mon adorable maître, Votre Majesté qui s'est fait homme!* » Bref, conclut M. Louis Blanc, formé de bonne heure à « l'art du courtisan, Voltaire perdit tout ce qui constitue les fiers caractères et les âmes viriles... »

M. de Lamartine n'a pas flétri avec moins de vigueur cette courtisanerie : « Voltaire, dit-il, poussa le respect des rois jusqu'à *l'adoration de leurs faiblesses*. Il excusa *les mœurs infâmes* de Frédéric. Il agenouilla la philosophie devant les maîtresses de Louis XV. Voltaire ne rougit D'AUCUNE PROSTITUTION DE SON GÉNIE. »

Marat, Louis Blanc, Lamartine, ont-il été injustes envers Voltaire? Non, certes, Messieurs; mais alors, vous, qui voulez agenouiller avec vous le peuple devant ce vil courtisan, quels démocrates êtes-vous donc?

Voyons, du reste, à quel point Marat, Louis Blanc et Lamartine avaient raison :

Voltaire n'était pas un homme du peuple; il était ce que vous appelez encore et ce qui s'appelait alors un bourgeois. Mais cela ne lui suffit pas : ce bourgeois voulut être gentilhomme. Petit-fils d'un marchand drapier de la rue Saint-Denis, fils d'un père ancien notaire au Châtelet, pour se mieux faire venir dans les sociétés aristocratiques où il se poussait, et à la cour, reniant son origine et le nom de son père, il en prit un autre, s'affubla d'une particule qui ne lui appartenait pas, et se fit appeler *M. de Voltaire*. Plus tard, il signera *gentilhomme ordinaire du Roi*. Plus tard encore *comte de Tournay*. Toujours, avec les grands seigneurs, allant, éternel parasite, c'est lui-même qui le dit, *de roi en roi* (1), de prince en prince, « *de châteaux en châteaux,* » obtenant enfin, et au prix de quelles intrigues, grand Dieu! tout à l'heure je vous en dirai quelque chose, cette charge de *gentilhomme ordinaire*, ou, comme il dit, de *domestique du Roi*, et toute sa vie se pavanant de ce titre; chambellan pendant plusieurs années d'un autre roi, le roi de Prusse, avec le cordon au cou, la clef dorée et la pension; épuisant toutes les hyperboles de la flatterie pour Catherine de Russie...

« Le duc de Richelieu, le héros des roués et des libertins, » comme l'appelle M. Louis Blanc, Voltaire, dès sa jeunesse, en fait son héros : c'est le nom qu'il lui donne, et il lui dit : Je vous adore. « Votre vieil adorateur » est une des expressions qu'on retrouve sans cesse dans ses lettres aux grands seigneurs, aux princes, aux rois. Il se nomme, écrivant au ministre d'Argenson, « le plus ancien de vos courtisans. » Fleury, Maupeou, Choiseul, Dubois, le virent tous *à leurs pieds :* c'est le mot et la posture qui lui plaisaient. Ce dernier, Voltaire l'appelait « *le sage Dubois* (2). » Ce que sa place de gentilhomme de la chambre du roi lui a coûté de bassesses ne peut se dire : adula-

(1) Voltaire, *Mémoires*.
(2) Epitre en vers au cardinal Dubois.

tions répétées aux ministres, mauvais opéras pour les fêtes de la cour : *la Princesse de Navarre, le Temple de la Gloire*,... ainsi, le voilà poëte de la cour ! génuflexions surtout devant la maîtresse royale, Mme de Pompadour : « SINCÈRE ÉT TENDRE POMPADOUR, » dit-il,

Car je puis vous donner d'avance,
Ce nom qui rime avec l'amour,
ET QUI SERA BIENTÔT LE PLUS BEAU NOM DE FRANCE (1).

Il avait soupçonné à son aurore la honteuse faveur de cette femme; et il y avait vivement applaudi; et cela, lui disait-il à elle-même, parce que je suis « un bon citoyen (2). »

Il signait ainsi les lettres qu'il lui écrivait : « Je suis avec respect, Madame, de vos yeux, de votre figure et de votre esprit, le très-humble (3), etc. »

Ailleurs, il célèbre ses *Vertus*.

Voilà quelque chose des moyens par lesquels Voltaire obtint cette charge de gentilhomme, « qui retint si puérilement sa vanité captive, » selon le mot de M. Louis Blanc, et cette charge aussi d'historiographe officiel de Louis XV.

Mais ce qu'il n'hésitait pas à avouer, c'est qu'il adulait ainsi la misérable créature, « pour faire fortune. » Oui, Messieurs, c'est lui-même qui le déclare : « *Pour faire la plus petite fortune, il vaut* mieux écrire « quatre mots à la maîtresse d'un roi que d'écrire « cent volumes (4)... »

(1) Lettre datée de 1745, t. LV, p. 15.
(2) 3 avril 1747.
(3) *Ibid.*
(4) *Mémoires*, t. XL, p., 81.

C'est à elle qu'il écrivait de vouloir bien rappeler à Louis XV qu'il avait « employé plusieurs années de sa vie à écrire l'histoire de son prédécesseur et celle de ses glorieuses campagnes; que, seul des académiciens, » il avait « fait son panégyrique traduit en cinq langues (1). »

Ainsi voilà votre idole, Messieurs, un courtisan qui, pour faire fortune, flatte une vile créature, jusqu'à jouer agréablement avec ce qui était une publique ignominie.

Lisez encore ceci, Messieurs, que Voltaire écrivait au « héros des roués, » au duc de Richelieu, sur la même M^me^ de Pompadour :

« J'aimerais que M^me^ de Pompadour sût *par vous* combien ses bontés me pénètrent de reconnaissance, et à *quel point je vous fais son éloge;* car *je vous parle d'elle comme je lui parle de vous;* et, en vérité, je lui suis *très-tendrement attaché*, et je crois devoir compter sur sa bienveillance autant que personne. Quand *mes sentiments pour elle* lui seraient revenus par vous, y *aurait-il eu si grand mal?* Ignorez-vous *le prix de ce que vous dites* et de ce que vous écrivez ! Adieu, Monseigneur, *mon cœur est à vous pour jamais* (2) ! »

Est-il dans cette lettre un seul mot qui ne soit une flatterie et une bassesse ? Mais, pour obtenir la protection de M^me^ de Pompadour, rien ne lui coûtait. Que de vers rimés par lui pour cette courtisane : quel impur encens il aimait à brûler devant elle !

(1) Lettre datée de Colmar, 1753, t. LVI, p. 383.
(2) Lettre au duc de Richelieu, 20 juin 1745.

Ainsi donc vous réunissez
Tous les arts, tous les goûts, tous les talents de plaire,
Pompadour, vous embellissez
La Cour, le Parnasse et Cythère,
Charme de tous les cœurs, trésor d'un seul mortel,
Qu'un sort si beau soit éternel !
Que vos jours précieux soient comptés par des fêtes !
Que la paix dans nos champs revienne avec Louis !
Soyez tous deux sans ennemis,
Et tous deux gardez vos conquêtes (1) !

Ailleurs, il ose écrire ceci : « *Elle va régner*, et il est bien à désirer *qu'elle règne* (2). »

Et c'est ainsi que Voltaire donnait le scandale de toutes les adulations étalées devant le scandale de tous les vices.

Et voilà l'idole que vous présentez au peuple, vous qui parlez tant de morale, Messieurs !

Y eut-il quelque chose au-dessous de Mme de Pompadour ? Oui, il y eut Mme Dubarry. Eh bien ! comme à cinquante ans il adulait Mme de Pompadour, Voltaire, à quatre-vingts ans, abaissera ses cheveux blancs devant Mme Dubarry : il l'appelle *adorable*.

Et il lui adresse des couplets où la frivolité licencieuse de cet octogénaire le dispuste à sa bassesse.

En 1773, il lui écrit :

« Madame, M. de Laborde m'a dit que vous lui aviez ordonné de m'embrasser des deux côtés de votre part.

(1) *A Madame de Pompadour, qui venait de jouer la comédie*, t. XIV, p. 390.
(2) Lettre, août 1754.

Quoi ! deux baisers sur la fin de ma vie !
Quel passeport vous daignez m'envoyer !
Deux ! c'est trop d'un adorable Egérie ;
Je serai mort de plaisir au premier.

« M. de Laborde, continue-t-il, m'a montré votre portrait. Ne vous fâchez pas, Madame, si j'ai pris la liberté de lui rendre les deux baisers. »

Détournons-nous avec dégoût. Je vous demande seulement ceci : Quand M. Louis Blanc a dit qu'à ce commerce éternel avec les courtisans et les courtisanes, Voltaire « perdit tout ce qui constitue les fiers caractères et les âmes viriles, » M. Louis Blanc, Messieurs, était-il trop sévère ? Mais vous, comment pouvez-vous honorer un homme qui se déshonorait ainsi lui-même ?

Faut-il vous raconter, Messieurs, toutes ses intrigues, toutes ses adulations, à la cour, à la ville, pour arriver à l'Académie française ? Que dites-vous de cette fameuse lettre, alors que Voltaire convoitait le fauteuil du Cardinal de Fleury ? Il parle « de son respect véritable pour la religion chrétienne, » et dit enfin qu'il eût désiré faire un discours de réception, dans lequel il aurait « donné de *justes louanges* AU PÈRE DE LA RELIGION ET DE L'ÉTAT (au Cardinal)... J'aurais fait voir au moins, dit-il, *combien j'aime cette religion qu'il a soutenue, et quel est mon zèle pour le roi qu'il a élevé*, etc. (1). »

Et que dites-vous de celle-ci à un jésuite, au P. de la Tour, alors qu'il briguait un autre fauteuil : Il lui

(1). Lettre à M..., mars 1743, t. LIV, p. 515.

rappelle qu'il a été élevé par les Jésuites; proteste de sa « reconnaissance » pour eux, se livre contre Pascal à une longue apologie de leur morale et de leurs vertus, et « déclare que si jamais on a imprimé sous son nom une page qui puisse scandaliser seulement le sacristain de la paroisse, il est prêt à la déchirer...; qu'il « soumet ses écrits au jugement de l'Eglise; » comblé, ajoute-t-il, des grâces du roi, attaché à sa personne sacrée, chargé d'écrire ce qu'il a fait de glorieux et d'utile pour la patrie, *uniquement occupé de cet emploi, je tâcherai* pour le remplir de METTRE EN PRATIQUE LES INSTRUCTIONS QUE J'AI REÇUES DANS VOTRE MAISON RESPECTABLE (1). »

Voulez-vous le voir dans une moindre circonstance? Lui qui s'est tant moqué des autres, il a peur d'être joué à son tour sur le théâtre; on le menace d'une parodie de sa *Sémiramis;* voyez si ce courtisan épargnait la courtisannerie : il écrit lettres sur lettres au comte d'Argental, au duc d'Aumont, au duc de Gèvres, au président Hénault, au comte de Maurepas, à Berryer, lieutenant général de la police, afin qu'on empêche cette représentation; et puis à la duchesse de Luynes, à la duchesse de Villars, à M^me^ d'Aiguillon, à M^me^ de Pompadour; enfin il s'adresse à la reine; et en quels termes! Lisez, Messieurs :

« Madame, je me jette aux pieds de Votre Majesté, » et après lui avoir fait compliment de ce qu'elle n'assiste aux spectacles que par *condescendance pour son auguste rang,* — c'est, dit-il, un sacrifice que votre vertu fait aux bienséances du monde; — il ajoute : « J'implore cette vertu même, et je la conjure, *avec la*

(1) 7 février 1746.

*plus vive douleur*, de ne pas souffrir que ces spectacles soient déshonorés par une satire *odieuse* qu'on veut faire contre moi à Fontainebleau, sous vos yeux... Daignez considérer, Madame, que je suis DOMESTIQUE DU ROI, et par conséquent, LE VÔTRE. *Mes camarades, les gentilshommes du Roi*, m'obligeront à *me défaire de ma place*, si j'essuie devant eux et devant la famille royale, un avilissement si cruel. Je conjure Votre Majesté, par la bonté et par la grandeur de son âme, et par sa piété, etc., etc. (1). »

Et que vous dire maintenant, Messieurs, de ce qu'il fut à la cour de Frédéric?

Voltaire apprend l'élévation de ce prince au trône; aussitôt sa muse s'enflamme, il se hâte de s'écrier :

O prince ! ô digne espoir de nos cœurs captivés (2) !

En effet, il allait être pendant plusieurs années le chambellan et le captif de ce roi, dont il excusa « les vices infâmes, » dit M. de Lamartine. J'aurai à revenir, Messieurs, sur ce beau temps de sa vie, sur ce séjour à *Postdamie*, comme il disait, faisant allusion aux infamies du monarque : je ne vous parle ici que de Voltaire courtisan. Il était là, vous le savez, chambellan en titre; il en portait les insignes : « Une clef d'argent doré pendue à mon habit, une croix au cou, et vingt mille francs de pension (3). » Mais, quand Frédéric le chassa de chez lui, il fallut tout rendre. Et en attendant, tout ce que lui coûta d'adulations écœurantes ce long séjour auprès de cet autocrate,

(1) Lettre à la reine Marie Leckzinska, 10 octobre 1748.
(2) Epître au roi de Prusse, 1740.
(3) *Mémoires*, p. 87.

ne se peut dire : il l'appela « le Salomon du Nord. » Il le nomma « un Trajan, un Marc-Aurèle; » et enfin, toujours entraîné par ses goûts de basse adulation, il lui dit : « Notre adorable Frédéric... Mon adorable maître... Cet heureux vainqueur de l'Autriche et de la France (1). »

Il le nommait encore, en vers et en prose, vous ne pouvez pas l'avoir oublié, Messieurs, *Délices du genre humain* : « Délices du genre humain, je rêve à vous, Prince, comme on rêve à sa maîtresse (2). »

« Votre Majesté qui s'est fait homme (3). »

« Si vous saviez combien votre ouvrage (*l'Anti-Machiavel*) est supérieur à celui de Machiavel! »

« J'attends ici mon maître. » — « J'envoie à mon adorable maître l'*Anti-Machiavel.* »

Il signait : « Votre ancien serviteur, votre ancien protégé, celui dont l'*âme a toujours été* A GENOUX *devant la vôtre* (4). »

« Un prince à qui j'ai appartenu. »

« L'honneur de vous appartenir n'est pas une vanité, c'est une gloire qui en impose, et qui peut se faire respecter des Welches. »

« Sire, *je vous ai érigé un autel dans mon cœur*..... Je me nourris de l'encens que les connaisseurs vous donnent... L'Europe retentit de vos louanges. »

(1) Avril 1797.
(2) Cité par M. Louis Blanc.
(3) *Ibid.*
(4) *Corresp.* T. V, p. 171.

Ah ! que mon destin sera doux,
Dans votre *céleste* demeure !
Que d'Arnaud vive A VOS GENOUX,
Et que votre VOLTAIRE Y MEURE (1).
... VIVRE ET MOURIR AUPRÈS DE VOUS (2).

Et parlant de la maison qu'il doit occuper à Paris, il ajoute :

« Croyez, Monseigneur, que les larmes coulent de mes yeux quand je songe que tout cela n'est pas dans les Etats de Marc-Aurèle Frédéric (3). La nature s'est bien trompée, me faisant naître bourgeois de Paris. Mon corps seul y sera. »

Tout cela du reste finit fort mal, Messieurs, vous le savez. Il y eut là d'étranges lésineries, roueries et vilenies de part et d'autre : je ne dis rien encore des mœurs. Frédéric finit par le mépriser, et lui fit sentir rudement sa chaîne : Voltaire but ce calice amer et s'en plaignit amèrement : « Arracher un homme à sa patrie par les promesses les plus sacrées, et le maltraiter avec la malice la plus noire ! Et c'est là l'homme qui m'écrivait *tant de choses philosophiques*, et que j'ai cru *philosophe !* et je l'ai appelé *Salomon du Nord* (4) ! »

Frédéric en disait bien d'autres : « D'un scélérat on peut apprendre de bonnes choses, » écrivait-il le 12 septembre 1749. « Je veux savoir son français; que m'importe sa morale? On admire son esprit en même temps qu'*on méprise son caractère.* » Sa *morale*

(1) 9 juin 1750.
(2) 9 mars 1770.
(3) 15 avril 1739.
(4) Lettre citée à Mme Denys, du 23 août 1750.

cependant lui importait beaucoup, comme je vous le dirai quand je vous parlerai de *la Pucelle.*

Tout cela n'empêcha pas Voltaire de continuer à aduler Frédéric, et à signer jusqu'à la fin de sa vie, les lettres qu'il lui écrivait : « Votre vieil *idolâtre;* » tant cet homme était courtisan et ne savait pas être autre chose avec plus fort que lui.

C'est assez pour ce qui regarde Frédéric. D'ailleurs, nous y reviendrons.

Mais Frédéric n'est pas le seul souverain, le seu autocrate, que Voltaire ait adoré, auquel il ait *érigé un autel*, et dont il se soit dit et fait *idolâtre.*

Ignorez-vous, Messieurs, que ses bassesses envers Frédéric de Prusse ne furent égalées que par ses servilités envers Catherine de Russie? Celle qu'on a nommé une Messaline couronnée, il l'appelait « ma grande souveraine, » « la Sémiramis du Nord. »

« Que Votre Majesté Impériale me pardonne, non, vous n'êtes point l'aurore boréale; *vous êtes assurément l'astre le plus brillant du Nord*, et il n'y en a jamais eu d'aussi bienfaisant que vous... »

« Nous sommes trois, Diderot, Dalembert et moi qui vous *dressons des autels; vous me rendez païen.* »

« Je suis, AVEC IDOLATRIE, Madame, aux pieds de Votre Majesté, mieux qu'avec le plus profond respect, le PRÊTRE DE VOTRE TEMPLE (1). »

Une autre fois :

« Je n'ai plus qu'un souffle de vie, lui écrit-il, je

(1) Lettre du 22 décembre 1766.

l'emploierai à vous invoquer en mourant, comme *ma sainte.* »

« Ce n'est pas à moitié que je suis *l'adorateur* de Votre Majesté Impériale; c'est avec la fureur de l'enthousiasme : qu'elle pardonne ma rage à mon profond respect. »

« Je ne crois point à cette bavarde qu'on appelle la Renommée, je ne crois qu'à la gloire; elle est toujours auprès de vous... Elle bâtit le temple de mémoire à Pétersbourg, et je L'ENCENSE DU FOND DE MA CHAUMIÈRE. »

« JE ME METS AUX PIEDS DE LA DÉESSE et de la fondatrice du temple, avec la reconnaissance, le profond respect et l'attachement que mon cœur lui doit (1). »

Ainsi parlait-il à elle-même. Et voici comme il en écrit :

« Je me vante à vous d'être un peu dans ses bonnes grâces; je suis *son chevalier* envers et contre tous. Je sais bien qu'on lui reproche quelque bagatelle au sujet de son mari; » — on l'accusait simplement de l'avoir fait assassiner; et voilà, Messieurs, comment Voltaire joue avec ce crime : « quelque bagatelle! » — et il ajoutait : « Mais ce sont des affaires de famille, dont je ne me mêle pas; et d'ailleurs, il n'est pas mal qu'on ait une faute à réparer : cela engage à faire de grands efforts pour forcer le public à l'estime et à l'admiration, et assurément *son vilain mari n'aurait fait aucune des grandes choses que* MA CATHERINE FAIT TOUS LES JOURS (2).

(1) Lettres du 22 décembre 1766 ; des 11 février et 17 mai 1772 19 août 1773, etc.

(2) Lettre à Mme du Deffand, 18 mai 1767.

« L'autre Sémiramis ne valait pas celle-ci : le Ninus n'était qu'un vilain ivrogne. J'admire sa veuve, je l'aime à la folie (1). »

« On lui a bien de l'obligation d'avoir eu le courage de détrôner son mari, car elle règne avec sagesse et avec gloire... Dites-donc beaucoup de bien de Catherine, je vous en prie, et faites-lui une bonne réputation dans Paris (2). »

Frédéric fit la guerre à la France, et Rosbach fut pour nous un désastre de plus. Catherine et lui trempèrent dans un crime inexpiable, le meurtre de la Pologne. Voltaire alors au moins cessa-t-il de les encenser? Tout au contraire; jamais ses adulations ne furent plus enthousiastes. C'est alors que Voltaire appelait Catherine « Notre-Dame de Pétersbourg, » « *une sainte*, la *plus grande sainte* que *le Nord ait jamais portée* (3). » « Sainte Catherine, dit-il, est l'objet de mon culte. Puisse ma sainte goûter toutes les sortes de plaisirs, comme elle a toutes les sortes de gloires (4). »

Nous y reviendrons, mais c'est assez pour une lettre.

Je voulais vous prouver, Messieurs, que Voltaire fut tout le contraire d'un démocrate; que loin de se soucier du peuple, il en fut l'insulteur; bien plus, qu'il en voulait éterniser l'ignorance et l'oppression; enfin, qu'il a été toute sa vie aristocrate orgueilleux et bas courtisan: est-ce démontré?

(1) Lettre à d'Argental, 23 janvier 1768.

(2) Lettre à Damilaville, 22 décembre 1766, et tant d'autres lettres.

(3) Lettre du 3 janvier 1773, etc.

(4) Lettre à Catherine, 11 décembre 1772.

Et maintenant, Messieurs, de nouveau, je vous le demande : Comment pouvez-vous présenter aujourd'hui cette idole à la démocratie française? Vous respectez le peuple, Voltaire l'a insulté comme on ne l'insulta jamais. Vous voulez servir le peuple, Voltaise déclare qu'il ne se mêle pas de *cette populace*. Vous voulez l'instruire, Voltaire déclare que la raison n'est pas faite pour lui. Vous le voulez libre, Voltaire le veut sous le joug. Vous voulez élever la démocratie, lui inspirer le respect d'elle-même, Voltaire a perdu dans l'adulation et la servilité tout ce qui constitue les fiers caractères et les âmes viriles; voilà le vrai!

Et vous voudriez traîner le peuple à ses pieds.

Eh bien! soit, traînez le peuple aux pieds de l'idole; mais au-dessus de l'autel, écrivez, en lettres d'or, ces mots :

« Il n'est pas à propos que le peuple soit instruit, *il n'est pas digne de l'être.* »

« LE PEUPLE RESSEMBLE A DES BŒUFS AUXQUELS IL FAUT UN AIGUILLON, UN JOUG ET DU FOIN. »

« A l'égard de la canaille, je ne m'en mêle pas ; elle sera toujours la canaille. »

Et l'on comprendra ainsi qu'une fête populaire en l'honneur de cet homme plein de mépris, et à un tel degré, pour les faibles, plein de bassesse, et à un tel degré, devant les grands, n'est et ne peut être qu'un suprême outrage, et aux principes que vous prétendez représenter, et au peuple que vous voulez jeter à ses pieds.

Veuillez agréer, etc.

# SIXIÈME LETTRE

## VOLTAIRE INSULTEUR DE LA FRANCE.

MESSIEURS,

Non-seulement Voltaire n'a épargné, selon le mot de M. de Lamartine, « aucune prostitution à son génie; » non-seulement « il a perdu, » au jugement noblement sévère de M. Louis Blanc, « tout ce qui constitue les caractères fiers et les âmes viriles; » non-seulement, selon ses propres expressions à lui-même, il a « mis son âme aux pieds » de toutes les puissances, grands seigneurs, princes et princesses, rois et reines, autocrates, ignobles maîtresses de rois; non-seulement il a « fait sa cour » à tous ceux qu'il pouvait exploiter, même aux Jésuites, aux évêques, même au Pape; non-seulement il a outragé le peuple comme on ne l'outragea jamais; non-seulement il a versé sur le peuple « toute l'aristocratie de ses dédains; » non-seulement il a élevé ces dédains et ces outrages à la hauteur d'un système, et professé, expressément professé la monstrueuse théorie de l'abrutissement et de l'oppression du peuple; mais, allant plus loin encore, s'il se pouvait, dans son égoïsme sans bornes et son rire cynique, il a éteint en lui ce sentiment si fort dans le cœur de l'homme, l'amour de la patrie, cette pudeur, la plus ombrageuse, si j'ose le dire, et la plus fière de toutes, la pudeur du patriotisme: il a insulté, bafoué la France; la France humiliée et vaincue, et par qui? Par son plus implacable ennemi : le Prussien.

Oui, Messieurs, et voilà quels sentiments et quelle pudeur il vous faudra fouler aux pieds, pour aller jusqu'au bout de ce que vous voulez faire! Mais voilà aussi pourquoi j'espère que, plus éclairés et mieux inspirés, vous ne le ferez pas.

J'invoque donc ici, et avec confiance, un sentiment que vous éprouvez comme moi, je le pense, la pudeur du patriotisme.

Je disais que je n'en connais pas de plus ombrageuse et de plus fière. J'ajoute que plus la patrie est malheureuse, et plus cette pudeur sacrée devient farouche et intraitable. Messieurs, quand laisseriez-vous insulter la patrie? Jamais. Mais si des revers l'avaient atteinte et humiliée dans son plus légitime orgueil, dans sa gloire la plus chère, si elle saignait encore de ses blessures, et si c'était à un tel moment qu'on osât lui jeter devant vous l'outrage, je dis, Messieurs, parce que je sens ainsi, moi, évêque français, je dis que plus amère alors serait à vos cœurs l'injure, et plus implacable votre indignation.

Or, Voltaire a fait cela, Messieurs; Voltaire a raillé, bafoué la France; la France vaincue et humiliée par la Prusse.

Ah! laissez-moi croire que vous aviez oublié l'heure où nous sommes, quand vous avez, dans un jour d'entraînement, résolu d'élever les honneurs que vous préparez pour Voltaire, à la hauteur d'un hommage national.

Mais, puisque vous l'aviez oublié, permettez que je le rappelle. Oui, ce grand moqueur, ce grand égoïste, ce grand jouisseur, comme on dit aujourd'hui, Voltaire, n'avait pas le moindre sens de patriotisme et d'honneur français. De lui-même, de sa vanité, de son renom, de sa fortune, de ses plaisirs, de son bien-être, de tout cela, il se souciait. De sa patrie, de la gloire ou des malheurs de la France, il ne se souciait nullement. Jugez-en vous-mêmes:

Le prince, l'autocrate, qu'il adule et encense au degré que je vous ai dit, devient notre ennemi, et notre ennemi heureux ; il nous inflige une défaite désastreuse. Voltaire porte-t-il le deuil de la patrie? Non, Voltaire plaisante, se moque comme toujours, et se moque de la France. Il songe, savez-vous à quoi? à sa caisse ; et puisque sa caisse n'est pas atteinte, et même se trouve en bon état par d'heureuses spéculations, il est content. Mais alors, direz-vous, son commerce de coquetterie et d'adulations avec le vainqueur va s'arrêter, Voltaire aura du moins la pudeur du silence ! Non, son âme ne connaît aucune de ces délicatesses. Mais peut-être alors va-t-il se borner à une correspondance purement littéraire, sans allusions à nos revers? Non, ses adulations redoublent, et ce sont nos revers eux-mêmes, notre humiliation, nos désastres, qui deviennent l'intarissable aliment de sa verve moqueuse, dans des lettres ignominieuses et de petits vers cyniquement bouffons.

Il n'y a pas dans toute la Prusse un Prussien plus triomphant que lui des malheurs de la France.

Vous allez le voir. Et ce qui devrait vous arrêter tout court, Messieurs, en ce moment surtout, dans le dessein irréfléchi auquel vous vous êtes laissés entraîner, c'est le degré où cet homme a poussé les choses; c'est le révoltant cynisme de ses insultes sans nom à la France, à l'honneur, et aux malheurs de la patrie.

Nous sommes vaincus par le roi de Prusse à Rosbach. C'était le 5 novembre 1757. Aussitôt la joie de Voltaire éclate, et elle ne cessera plus.

> Instruisez, ravagez la terre...
> Je conçois *qu'on a du plaisir*
> A savoir comme vous saisir,
> L'*art de tuer* et l'art de plaire.

Rosbach, Messieurs, désormais Voltaire y reviendra toujours, et ce souvenir fournira un thème fécond à ces infatigables flatteries, par lesquelles il n'a jamais cessé d'outrager la pudeur nationale et d'encenser notre ennemi vainqueur. « *Sire,* » écrira-t-il, longtemps même après ce désastre, à ce *héros* dont il s'est toujours proclamé le *vieil idolâtre*, « *Sire, toutes les fois que j'écris à Votre Majesté sur des affaires un peu sérieuses*, JE TREMBLE COMME NOS RÉGIMENTS A ROSBACH (1). »

Frédéric envoie son portrait à ce bon patriote :

(1) 28 mars 1775.

« Sire, répond Voltaire, j'ai reçu aujourd'hui par les bontés de Votre Majesté le portrait d'un très-grand homme... IL N'Y A POINT DE WELCHE (c'est le nom dont il plaisait à Voltaire d'affubler les Français) QUI NE TREMBLE EN VOYANT CE PORTRAIT-LA : *c'est précisément ce que je voulais :*

> Tout Welche qui vous examine
> DE TERREUR PANIQUE EST ATTEINT,
> Et chacun dit, à votre mine,
> Que dans ROSBACH on vous a peint (1).

Je relève, Messieurs, dans ses diverses lettres à Frédéric, des paroles telles que celles-ci :

« Vous êtes fait pour être MON *roi.* C'est donc à MON *roi* que j'écris :

> Votre esprit, votre ardeur guerrière
> Des Français se feront chérir ;
> Vous aurez le double plaisir
> *Et de nous* VAINCRE *et de nous* PLAIRE...

« Je fais serment, sire, devant votre portrait, que mon cœur sera votre sujet tant que j'aurai un reste de vie (2). »

Que diriez-vous, Messieurs, d'un Français qui ferait dessiner un tableau représentant Sedan ou Reischoffen, et qui présenterait ce dessin, pour leur faire sa cour, à l'empereur Guillaume ou à M. de Bismarck? Ainsi faisait Voltaire au roi de Prusse, pour cette désastreuse journée de Rosbach :

(1) 27 avril 1775.
(2) 21 juin 1775. Et *passim.*

« Sire, tandis que Votre Majesté fait probablement manœuvrer trente ou quarante mille guerriers, je crois ne pouvoir mieux prendre mon temps, pour LUI PRÉSENTER la bataille de Rosbach, dessinée (1), etc. »

Aussi, Frédéric disait-il de Voltaire, qu'il n'avait ni religion, ni patrie, et que loin d'être partisan de sa nation, « il blâmait en tout son pays. » En effet, ce roi lui ayant écrit au sujet des Parisiens : « Ce sont des *frelons* qui bourdonnent toujours ; leurs brocards sont comme des injures de *perroquets*, et leurs jugements aussi graves que les décisions d'un *sapajou* sur des matières métaphysiques (2). » Voltaire applaudit à ce langage et répond : « Il me fallait le roi de Prusse pour *maître*, et le peuple anglais pour concitoyen. Nos Français, en général, ne sont que de grands enfants (3). »

« *Paris est une grande basse-cour composée de coqs d'Inde qui font la roue, et de perroquets qui répètent des paroles sans les entendre. On leur envoie de Versailles leur pâture; ils font bien du bruit et Versailles les laisse crier* (4). »

Un jour, il glorifiait l'idée de « mourir Prussien ; » un autre jour il préfère se faire Russe. Il écrit à Catherine : « Madame, il est vrai que je ne suis qu'à un mille de la frontière des Welches ; mais je ne veux pas mourir parmi eux. Daignez observer, Madame, que je ne suis point Welche ; *je suis Suisse*, et si j'étais plus jeune, JE ME FERAIS RUSSE (5). »

(1) 21 juin 1715.
(2) 25 juillet 1742.
(3) 29 août 1842.
(4) A M. de Chabanon, 12 avril 1776.
(5) 18 octobre 1771.

Il va plus loin, et écrivant de nouveau à Catherine, il signe : « Votre vieux *Russe de Ferney !* »

Mais tout ceci n'est rien encore. Après nous avoir battus, Frédéric nous raillait, dans notre langue même, et en détestables vers. Que fait Voltaire ? Voltaire admire ces belles choses, et renchérit encore sur ces moqueries à notre adresse. On a souvent cité ces ignobles vers, Messieurs ; mais il est nécessaire que je vous en fasse relire quelques-uns :

Héros du Nord, je savais bien
Que vous aviez vu les derrières
Des guerriers du roi très-chrétien,
A qui vous tailliez des croupières ;
Mais que vos rimes familières
Immortalisent les beaux ***
De ceux que vous avez vaincus,
Ce sont des faveurs singulières, etc.

Eh bien, Messieurs, que vous en semble ? Est-ce assez outrager la France et l'armée ?

Supposons que, pendant la dernière guerre, un de nos poëtes (j'affirme que pas un, fût-il à la mendicité, n'en serait capable), eût été en un commerce de ce genre avec le prince Frédéric-Charles, que nous avons trop bien connu à Orléans, ou avec M. de Bismarck, et qu'il eût chanté leurs victoires et nous eût raillés en de tels termes... Messieurs, demanderiez-vous pour ce poëte des couronnes, vous membres du Conseil municipal de Paris ? Feriez-vous cet outrage insigne à la France et à notre armée, au patriotisme et à l'honneur ? J'affirme qu'à Paris, comme à Orléans, comme partout en France, toutes les maisons eussent fermé leurs portes à un tel poëte, et il y a longtemps, j'en suis sûr, que du plat de son épée ou plus ignominieusement encore, le dernier de nos soldats lui eût donné un autre salaire. Et vous, Messieurs, de Voltaire, de ce cynique insulteur de la France, vous voulez faire l'idole du peuple ! Au nom de la ville de Paris, vous lui votez des honneurs officiels ! Mais comment entendez-vous donc le patriotisme ? Comment entendez-vous l'honneur ?... La haine que portent certains hommes à la religion de leur pays peut-elle donc aveugler à ce point ! Et le fanatisme de la passion peut-il aller jusqu'à organiser publiquement une fête qui sera avant tout une injure à la patrie ?

Rosbach datait du 5 novembre 1757, et le 24 du même mois, Voltaire écrivait à une duchesse, la duchesse de Saxe-Gotha : « *J'admire* l'homme dont Votre Altesse Sérénissime me parle (Frédéric) ; » et il est enchanté que la duchesse ait bien parlé de lui à cet homme : « Je la remercie de tout ce qu'elle aura daigné lui dire de moi (1). »

Quant au deuil de la France, savez-vous ce qui le console ? il va nous le dire lui-même : « CE QUI ME CONSOLE, c'est que nous avons pris un vaisseau anglais chargé de tapis de Turquie, et QUE J'EN AURAI A BON COMPTE ; CELA TIENT LES PIEDS CHAUDS (2). »

Je vous disais tout à l'heure, que Voltaire, à la nouvelle de nos revers, songe à ses intérêts et à ses aises, plus qu'au deuil de la patrie : vous le voyez.

(1) 24 novembre 1757, recueil de 1860.
(2) A Thiriot, 20 novembre 1757.

Un peu plus tard, il écrit : « Que la guerre continue, que la paix se fasse : *Vivamus et bibamus.* »

Et non-seulement Voltaire *admire* Frédéric, il va jusqu'à l'écœurer lui-même, par la bassesse de ses louanges, au point que le grand railleur prussien se moque de son panégyriste, et renvoie une partie de ces louanges à « sa sacrée Majesté le hasard (1). » Mais ils sont en telle tendresse l'un pour l'autre, que la sœur du prince prussien, la margrave Wilhelmine, étant venue à mourir, Frédéric demande à Voltaire des vers pour elle : « N'en perdez pas jamais la mémoire et rassemblez toutes vos forces pour élever un monument en son honneur (2). » Sur-le-champ Voltaire compose une ode, pour immortaliser la sœur de Frédéric. Ode misérable de poésie, me direz-vous. Oui, mais plus détestable quant au sentiment français. Et vraiment on est tenté de se demander : mais cet homme est-il Français ou Prussien ?

Ailleurs encore, il rappelle à Frédéric qu'il a autrefois chansonné

Ce peuple sot et volage
Aussi vaillant dans le pillage,
Que lâche dans les combats (3).

C'était nous, Messieurs.

Ailleurs enfin, il écrit ce mot, qui doit aller droit au cœur de notre armée :

(1) Voir les lettres de Frédéric à Voltaire, des 16 janvier, 28 septembre et novembre 1758, 12 mars 1759.
(2) 6 novembre 1758.
(3) Lettre à Frédéric, 7 décembre 1774.

« L'UNIFORME PRUSSIEN NE DOIT SERVIR QU'A FAIRE METTRE A GENOUX LES WELCHES. »

Je vous ai dit, Messieurs, quelque chose de la façon dont Voltaire traitait les Parisiens ; ajoutez ceci :

« *Les Parisiens passent leur temps à élever des statues et à les briser. Ils se divertissent à siffler et à battre des mains :* AVEC BIEN MOINS D'ESPRIT QUE LES ATHÉNIENS, ILS EN ONT TOUS LES DÉFAUTS, *et sont encore plus excessifs.* »

« *Je mourrai bientôt, et ce sera en* DÉTESTANT *le pays des singes et des tigres où la folie de ma mère me fit naître il y a bientôt soixante et treize ans. Je vous demande en grâce d'écrire de votre encre au roi de Prusse... pour* QU'IL SACHE A QUEL POINT ON DOIT NOUS MÉPRISER (1).

Et encore :

« C'est une chose bien extraordinaire que la nation Welche! Peut-on réunir tant de vices et tant de vertus, tant d'esprit et tant de bêtise? ET CEPENDANT CELA JOUE ENCORE UN RÔLE DANS L'EUROPE (2) ! »

« Le fonds des Welches sera toujours sot et grossier (3). »

Etes-vous contents, Messieurs? En avez-vous assez? Je puis vous en offrir d'autres encore, et tant qu'il vous plaira; car la verve de cet homme est intarissable, quand il s'agit de jeter l'insulte à ses concitoyens et l'injure à son pays. Et savez-vous à quel

(1) A Dalembert, 7 août 1766.

(2) Lettre à d'Argental, 2 septembre 1767. Voir aussi son *Discours aux Welches.*

(3) A Frédéric, 15 février 1775.

propos Voltaire nous raillait de cette dernière façon? A propos d'une tentative généreuse de quelques Français pour empêcher un des plus grands crimes des temps modernes, le démembrement de la Pologne. Frédéric de Prusse et Catherine de Russie, ses deux idoles, s'étaient ligués pour anéantir la Pologne. Tandis que le Sultan, menacé aussi; — car dès lors, la Russie convoitait Constantinople, — tentait une courageuse mais impuissante diversion, quelques Français, trop peu, hélas ! étaient allés se battre pour les confédérés Polonais, Voltaire ne trouve rien de mieux que de cribler d'odieux sarcasmes ces nobles Français. Il les appelle des « chevaliers errants, » des « Dons-Quichottes ! » Je ne puis vous citer les quatre-vingt lettres qui nous restent de lui à l'Impératrice de Russie. Relisez, Messieurs, en particulier, ses lettres des 6 juillet et 18 octobre 1771; 1er janvier, 6 et 12 mars, 29 mai et 31 juillet 1772. Le rouge vous montera au visage !

« J'ai le *cœur navré*, lui dit-il, de voir qu'il y a de mes compatriotes parmi *ces fous de Confédérés*. Je ne sais rien de si grossier que de porter les armes contre vous. »

Et comme il avait appris que les Tartares s'étaient déclarés pour l'Impératrice :

« Ce sont les Tartares, ajoutait-il, qui sont polis, et les *Français sont devenus des Scythes*. »

« Daignez observer, Madame, que je ne SUIS POINT WELCHE ; je *suis* SUISSE, et, si j'étais plus jeune, je ME FERAIS RUSSE (1). »

(1) 18 octobre 1771.

Il y a des prisonniers français en Russie, et Catherine songe à les envoyer en Sibérie.

Voltaire écrit :

« Nos chevaliers Welches, qui ont été porter leur inquiétude et leur curiosité chez les Sarmates, DOIVENT MOURIR DE FAIM, S'ILS NE MEURENT PAS DU CHARBON... Voilà une plaisante croisade qu'ils ont été faire ! Cela ne servira pas à faire valoir la prudence et la galanterie de *ma chère nation !* »

« Permettez qu'en recouvrant ma faible santé, je mette *à vos pieds* mes respects et mes chagrins. Ces *chagrins sont* que des gens de ma nation s'avisent d'aller combattre chez les Sarmates... ce qui me paraît le comble de l'absurdité, du ridicule et de l'injustice (1). »

Tel est son langage, et voilà l'homme, Messieurs, dont vous voulez faire l'apothéose dans la capitale de la France !

La Pologne succombe : abandonnée de tous, elle devait, hélas ! succomber. Frédéric frappe une médaille avec cette légende : *Regno redintegrato :* Il se donnait pour le *restaurateur* et le *pacificateur* de la Pologne ; on connaît ces ironies-là ! Il fait plus encore, il compose un ignoble poëme, intitulé *la Pologniade*, dans lequel il bafoue odieusement les vaincus, et nous appelle, nous Français, les *excréments des nations*.

Naturellement, Voltaire reçoit la médaille et le poëme, et il en est pénétré de joie. Le poëte royal dit

(1) Lettres du 2 mars et du 22 mai 1772.

pour son excuse, dans la lettre d'envoi de *la Pologniade* à Voltaire, qu'il sait respecter ce qui est respectable, mais qu'il se croit permis de badiner ces *excréments des nations*, ces Français, réformés par la paix, et qui, faute de mieux, allaient « faire le *métier de brigands en Pologne*, dans l'association, fédérale. »

Je pose devant vous, Messieurs, cette question : Y en a-t-il un seul d'entre vous qui n'eût regardé comme une injure atroce à son patriotisme de pareils présents, venant d'un tel Roi ? Ou plutôt, y aurait-il un seul Français à qui M. de Bismarck ou le Czar, aujourd'hui, auraient jamais l'idée de faire une pareille insulte? Voltaire, Messieurs, reçoit avec bonheur ce royal présent; il y répond, comme toujours; et ce sont ses réponses que je soumets à votre patriotisme :

La légende de la médaille, *Regno redintegrato*, cette amère ironie de despote conquérant, Voltaire la trouve « noble et simple ; » et la chose tout entière, « du plus bel effet. » Et il chante :

> La paix a bien raison de dire aux Palatins (1) :
> Ouvrez-les yeux, le diable vous attrappe ;
> Car vous avez à vos puissants voisins,
> Sans y penser longtemps servi la nappe ;
> Vous voudrez donc bien trouver bel et beau
> Que ces voisins partagent le gâteau (2).

Le *gâteau*, c'est la Pologne. Il continue : « *C'est assurément le vrai gâteau des rois, et la fève a été coupée*

(1) Aux Polonais.
(2) Lettres à Frédéric, 16 octobre 1772.

*en trois parts.* » J'abrège : nous y reviendrons; mais lisez encore et méditez ceci, Messieurs :

« Vous voilà, Sire, fondateur d'une grande puissance ; vous tenez un des bras de la balance de l'Europe, et la Russie devient un nouveau monde. Comme tout est changé, et *que je me sais bon gré d'avoir assez vécu pour voir ces grands événements!*... Je ne sais pas quand vous vous arrêterez; mais je sais que l'*aigle de Prusse va bien loin.* Je supplie cet aigle de *daigner* jeter sur moi, chétif, *du haut des airs où il plane*, un de ces coups d'œil qui raniment le génie éteint... Je SUIS A VOS PIEDS, comme il y a trente ans, mais bien affaibli. Je regarderai le *Regno redintegrato* quand je voudrai reprendre des forces.

« Votre vieux idolâtre (1). »

Tel fut son remercîment pour la médaille.

Et pour le poëme où les Français étaient appelés les *excréments des nations*, voici ce qu'il écrivit encore; je dois rappeler, pour l'intelligence du texte, que le poëme était accompagné d'un autre cadeau, une caisse de porcelaine :

« Sire, hier il arriva à mon ermitage une caisse royale, et ce matin j'ai pris mon café à la crème dans une tasse telle qu'on n'en fait point chez votre confrère l'empereur de Chine... Enfin c'est donc dans le nord que tous les arts fleurissent aujourd'hui! c'est là qu'on fait les plus belles écuelles de porcelaine, qu'on partage des provinces d'un trait de plume, qu'on dissipe des confédérations et des Sénats en

(1) 16 octobre 1772.

deux jours. » Et il ajoute, raillant la France comme la Pologne : « Sire, nous autres Welches, nous avons aussi notre mérite : des opéras comiques qui font oublier Molière ; des marionnettes qui font tomber Racine... » Il continue : « Vous pourriez encore vous accommoder, chemin faisant, de quelques provinces *pour vous arrondir*. Car enfin, *il faut bien s'amuser*, on ne peut pas toujours lire, philosopher, faire des vers et de la musique. »

« Je me mets aux pieds de Votre Majesté, avec tout le *respect* et *l'admiration* qu'elle inspire (1). »

Et à Catherine, qui lui envoyait aussi des présents, de belles fourrures, et une boîte d'or tournée de ses *belles et augustes mains* :

« Je mourrai certainement de douleur de ne pas vous voir sur le trône de Constantinople (2). »

Mais « qui sait si, après avoir exécuté CE GRAND PROJET (le démembrement de la Pologne), mon héroïne n'achèvera pas l'autre, et si un jour, elle n'aura pas TROIS CAPITALES, Pétersbourg, Moscou, et BYZANCE (3). »

Et quand, de concert avec ses alliés, elle aura pris Constantinople, « vous vous arrangerez ENSEMBLE, lui dit Voltaire, comme vous vous êtes arrangés en Pologne (4). » Et il insiste.

*Ensemble!* Et la France, Messieurs? cet homme s'en préoccupe-t-il un seul instant? et je vous le de-

(1) 13 novembre 1772.
(2) 22 décembre 1770.
(3) 29 mai 1772.
(4) 12 août 1773.

mande, se peut-il un oubli plus complet des intérêts français ?

Et que dites-vous de cet enthousiasme :

« Madame, Votre Majesté Impériale me *rend la vie en tuant les Turcs.* La lettre dont elle m'honore me fait sauter hors de mon lit en criant : *Allah ! Catharina !* Dieu et vos troupes victorieuses m'avaient donc exaucé quand je chantais : *Te Catharinam laudamus, te dominam confitemur* (1)... »

Et, naturellement, il raille encore la France pour flatter la souveraine russe. Lisez, Messieurs, cette lettre du 7 août 1771, où il ose écrire :

« Je veux aussi, Madame, vous vanter les exploits de ma patrie. Nous avons depuis quelque temps une danseuse excellente à l'Opéra, etc. »

Lisez encore là non moins honteuse lettre du 30 avril 1771, où il nous raille de nouveau, et termine par ces paroles : « Et tout cela compose le premier peuple de l'univers, la première cour de l'univers, les premiers singes de l'univers. »

Vous trouverez peut-être, Messieurs, que c'est assez, et qu'il n'est pas besoin d'en citer davantage ; je le pense aussi ; laissons donc enfin les basses adulations aux deux autocrates, et les insultes à la Pologne et à nos malheureux compatriotes prisonniers en Russie. Mais je ne puis tout à fait me taire sur ces deux belles vues politiques que Voltaire caresse si complaisamment : le roi de Prusse, *fondateur d'une grande puissance, l'aigle de Prusse volant au loin ; et Constanti-*

(1) 29 mai 1772 : 12 août 1773. Voyez encore : 30 octobre 1769 ; 5, 14, et 12 septembre 1770, etc., etc.

*nople capitale de la Russie.* Voilà les *grands événements* dont Voltaire se félicite d'avoir vu l'aurore. Hélas! Messieurs, nous en voyons, nous, aujourd'hui l'accomplissement : la Russie touche Constantinople; et l'aigle de Prusse a volé bien loin, jusqu'à Strasbourg, jusqu'à Metz, et jusqu'à Paris : la Prusse est devenue une *grande puissance* : votre héros doit être heureux, et c'est bien le cas de lui redire avec Musset :

Dors-tu content, Voltaire ?

Mais vous, Messieurs, si vous êtes contents aussi, si vous vous félicitez, comme Voltaire, d'avoir assez vécu pour voir ces *grands événements*, oh! alors, oui, célébrez le centenaire, convoquez-y la France et l'Europe, et surtout la Prusse et la Russie; le moment sera bien choisi : on vous applaudira, soyez-en sûrs, à Saint-Pétersbourg et à Berlin. On y admirera les fiertés et les délicatesses de votre sentiment national, et l'on y comprendra sans peine que, quand le patriotisme d'un grand pays se livre à de pareils abaissements, l'étranger peut se dispenser d'ajouter à ses humiliations et à ses revers.

Mais si nous ne sommes ni Prussiens, ni Cosaques, comme Voltaire; si le deuil de la patrie touche nos âmes; si nous n'avons pas été marqués du signe de ces peuples qui sont irrémédiablement condamnés à l'opprobre; si vous sentez encore ce que j'ai appelé la sainte pudeur du patriotisme, cette pudeur vous dira tout ici.

Veuillez agréer, etc.

# SEPTIÈME LETTRE

## VOLTAIRE ET JEANNE D'ARC. PROFONDE IMMORALITÉ DE VOLTAIRE.

MESSIEURS,

Un autre outrage de Voltaire à la France et au peuple, Messieurs, c'est l'abominable poëme auquel on a donné le nom de *la Pucelle*.

Si honteux que soit ce livre, vous ne pouvez l'écarter; car c'est *l'homme*, et aussi *son œuvre*, avez-vous dit, que vous voulez honorer; mais dans cette œuvre et dans cette vie, le libertinage a tenu une telle place que M. V. Hugo en a écrit :

« Qu'on se figure Voltaire jeté sur cette société en dissolution, comme un serpent dans un marais... Il fallait TOUT SON VENIN pour mettre CETTE FANGE EN ÉBULLITION (1). »

Mais tout d'abord, Messieurs, entendons-nous. Si les mœurs ne sont rien pour vous, je n'ai qu'à me

(1) *Notice* sur Voltaire, par Victor Hugo (*Littératures et philosophie mêlées*, t. Ier, chez Hachette, 1864).

taire ici. Mais si vous estimez encore la morale pour quelque chose, si vous pensez que tout menace de périr chez un peuple avec les mœurs, et qu'une nation corrompue est une proie toute prête pour la barbarie et le despotisme, alors, Messieurs, moins que jamais je comprends ici votre rôle; car enfin, l'homme qui a le plus outragé et bafoué les mœurs, l'écrivain le plus licencieux et le plus corrupteur, c'est Voltaire. On l'a dit, et c'est vrai : d'autres cyniques « étonnèrent la vertu, Voltaire étonne le vice. »

Il en coûte, assurément, de remuer, même à la surface, cet amas d'ignominies; mais vous m'y contraignez et j'en demande pardon à mes lecteurs.

Un mot d'abord des hontes de sa vie. Elles appartiennent à l'histoire : ses amis eux-mêmes nous les ont racontées, et on en a composé des volumes (1).

Passons sur sa licencieuse jeunesse, avec les roués du Temple et les corrompus de la Régence. Passons sur tant d'aventures scandaleuses, sur tant d'adultères, que je laisse à d'autres le soin d'énumérer : mais n'a-t-il pas, de quarante à cinquante-cinq ans, pendant quinze années, affiché, avec la trop fameuse marquise du Châtelet, l'adultère public devant son siècle ?

Il a célébré sur tous les tons *la vertueuse Emilie :*

Minerve de la France, immortelle Emilie.

On connaît aujourd'hui cette vertu. L'histoire n'a

(1) Je ne puis comprendre cependant comment les éditeurs de Voltaire ont pu conserver telle lettre de lui à Thiriot, par exemple, qui révèle des mœurs immondes, et le dernier degré de la plus ignoble vie.

plus de secrets sur cette Minerve. Cette malheureuse femme s'était fait de l'impudicité une théorie, et la pratique, chez elle, dépassait tout. Les honteux mystères de Cirey ont été révélés (1); la triste *immortelle* en mourut. Voltaire s'était égayé, en termes odieux, aux dépens de M. du Châtelet, son mari. Quand elle mourut, il joignit, comme toujours, aux turpitudes la plaisanterie et les dernières bassesses : lorsqu'on lui montra, dans la bague de cette triste morte, le portrait de Saint-Lambert à la place du sien, voici, Messieurs, la parole cynique que je recueille sur les lèvres de ce libertin sans cœur : « J'en avais chassé « Richelieu; Saint-Lambert m'en a expulsé : c'est « dans l'ordre. »

Tels étaient ces adultères, ces « amants philo« sophes, » comme dit tranquillement un des plus violents et aveugles admirateurs de Voltaire, qui s'est fait le panégyriste des libertinages de Cirey.

« Elle eut, prétend Voltaire, toutes les vertus de « l'honnête homme. »

Oui, mais « la pudeur, » dit M. de Pompéry, — et il en donne les détails et les preuves, « paraît lui avoir été *inconnue*. » Ainsi donc, selon Voltaire, une femme peut être honnête sans pudeur; et l'adultère, même à plusieurs, même quand une femme est épouse et mère, n'y fait rien.

Voilà donc les théories morales ou plutôt abominablement corruptrices de Voltaire : Messieurs, je vous estime assez pour croire que ces théories vous ré-

(1) Certes sans trop de sévérité, mais avec vérité. (*Voltaire à Cirey*, par M. Gustave Desnoiresterres.)

voltent comme moi, et si à vos yeux, le titre d'ennemi de la Religion ne couvrait pas tout, loin de traîner le peuple aux pieds de cette idole, vous repousseriez comme moi la pensée de lui faire un Centenaire.

Si de Cirey nous passons à Postdam, nous descendons d'un degré encore dans l'infamie. Je suis condamné, Messieurs, à me servir de mots répugnants, et même bientôt de mots affreux comme les choses dont je vous dois le récit. Voltaire, dit M. de Lamartine, « excusa les mœurs infâmes de Frédéric. » Jugez en vous-mêmes, Messieurs. Dix fois dans ses *Mémoires*, Voltaire se complaît à raconter et à décrire les infamies de cet homme qu'on a bien osé appeler Grand !

On sait comment il raconte une journée de ce roi :

« Quand Sa Majesté était habillée et bottée, le stoïque donnait quelques moments à la secte d'Épicure : il faisait venir deux ou trois favoris, soit lieutenants de son régiment, soit pages, soit éduques ou jeunes cadets ; on prenait du café... »

Je n'achève pas... comment achever ?

« Le soir, on soupait, continue-t-il, dans une petite salle dont le principal ornement était, dit toujours Voltaire, un tableau dont il décrit minutieusement tous les lubriques détails avec complaisance. La conversation était à l'avenant. « On eût cru entendre les sept sages de la Grèce dans un mauvais lieu (1). » Jamais de femmes, note Voltaire, dans ce palais de postdamie ; ni de prêtres ; car naturellement toutes ces impudicités étaient assaisonnées d'impiétés.

(1) *Mémoires.*

Passons vite avec dégoût ; mais ayons le courage d'entrer quelques instants à Ferney, dernier séjour du licencieux vieillard.

C'est de là que, trouvant trop austères les mœurs de Genève, il écrivait au comte d'Argental : « Je veux créer les plaisirs ; je veux corrompre toute la jeunesse de la pédante ville. »

Et encore :

« Il y a ici un ministre du saint Evangile qui m'a demandé des anecdotes sur cette fille célèbre (Ninon de Lenclos) : je lui en ai envoyé d'un peu ORDURIÈRES, POUR APPRIVOISER LES HUGUENOTS (1). »

Il écrivait aussi à une certaine dame, digne nièce, ainsi que M$^{me}$ Denys, d'un tel oncle :

« Cette idée de faire peindre de BELLES NUDITÉS, POUR RAGAILLARDIR MA VIEILLESSE, est d'une âme compatissante, et je suis *reconnaissant* de cette belle invention. On peut faire copier au Palais-Royal ce qu'on trouvera de PLUS IMMODESTE (2). »

Il avait alors soixante-six ans, et tapissait de ces tableaux les salons de Ferney.

Vous sentez, Messieurs, qu'en tout ceci, je me hâte tristement et ne fais que glaner dans un champ immense.

Et que pourrais-je dire de tant de lettres, même à Catherine, où, jusqu'à la fin, cet octogénaire, qui va mourir, qui a *un pied dans le cercueil*, et qui, *de l'autre*, comme il dit lui-même avec cynisme, *fait des gam-*

(1) 29 mai 1751.
(2) A M$^{me}$ de Fontaine, juin 1757. — On peut voir aussi une lettre à la même, 8 janvier 1756.

*bades*, bafoue les mœurs, se délecte d'obscènes plaisanteries, et descend lentement au tombeau, avec un rire de satyre sur les lèvres !

Si c'est du trésor de son cœur, comme dit l'Evangile, que l'homme tire le bien et le mal, comment s'étonner de tout ce qui est sorti d'immoralités de ce cœur corrompu, de tout ce qu'il a semé de gravelures et d'infamies dans cette multitude de libelles qu'enfantait infatigablement une verve impure et intarissable, et qui justifient trop la flétrissure que lui a infligée Marat lui-même : « Ecrivain scandaleux, qui pervertit la jeunesse. »

C'est ici qu'il faut relire, Messieurs, les beaux vers de M. Victor Hugo :

Plein de ces chants honteux, dégoût de la mémoire,
Un vieux livre est là-haut, sur une vieille armoire,
Par quelque vil passant, dans cette ombre oublié ;
Roman du dernier siècle, ŒUVRE D'IGNOMINIE...
Voltaire est dans un coin de ta chambre bénie.
Avec son œil de flamme, il t'espionne et rit.....
Oh ! tremble, ce sophiste a sondé bien des fanges !
Oh ! tremble, ce faux sage a perdu bien des anges !...

Ainsi M. Victor Hugo caractérisait les écrits de Voltaire, alors qu'il avait souci des mœurs du peuple. Et le même M. Victor Hugo, aujourd'hui, — ô entraînements de la passion politique ! — écrit à la jeunesse : « Voltaire signifie *lumière* et *liberté!* » La lumière, la liberté, et les mœurs voltairiennes ! grand poëte, où êtes-vous tombé ! Et combien déchu de vous-même !

Vous n'attendez pas, Messieurs, que je fouille dans ses contes, ses romans et ses poésies légères ; plus que légères, *œuvres d'ignominie*, comme les a nommées M. Victor Hugo. Mais savez-vous ce que j'y vois de plus coupable? c'est précisément ce qui en plaît à la jeunesse, et souvent aussi, hélas! à l'âge mûr, cette indifférence railleuse, cette verve libertine, et ce badinage effronté, avec lequel Voltaire rit et fait rire de ce qu'il y a de plus honteux; je ne connais rien de plus corrupteur, ni qui révèle mieux la dissolution morale d'un homme et d'un pays (1).

Mais tout pâlit devant *la Pucelle*.

Ce monument d'infamie, on voudrait en vain l'écarter, et le protéger contre nos trop justes indignations par son infamie même. Non, il subsiste, et il dit tout sur ce qu'étaient au fond le cœur et l'âme de Voltaire. C'est là qu'il s'est versé lui-même tout entier. Songez, Messieurs, que ce n'est pas, comme on l'a dit, une œuvre de jeunesse; non, Voltaire avait soixante-neuf ans lorsqu'il la publia, augmentée et corrigée, avec des figures obscènes ; ce ne fut pas non plus, comme on a cru pouvoir le dire encore, un simple *écart de génie;* songez que Voltaire n'a écrit aucun autre de ses livres

(1) Voici, sur une partie de ses œuvres licencieuses, quelques détails que j'emprunte à un important ouvrage sur Voltaire, très-étudié, d'après les sources :

« De lui encore étaient les vers dégoûtants contre saint Louis et les Bourbons ; les vers contre Louis XV, « qu'on méprise et qu'on aime, » et contre « l'heureuse grisette, » élevée par sa mère au lit d'un fermier, et par l'amour au lit royal ; de lui toujours, les vers contre Frédéric et contre Thibouville, accusés d'habitudes infâmes ; contre le *fanfaron* Villars, son ancien protecteur ; contre son héros Richelieu, transformé en entremetteur du plus bas étage ; de lui enfin tant de vers sortis des bas-fonds les plus fétides, qu'il a mensongèrement désavoués, tant de vers impies, qu'il disait « faits par le laquais d'un athée. » (*Voltaire* par M. Maynard, 2 vol. in-8.)

avec plus de prédilection; que c'est un poëme de vingt et un chants, et qu'il y a travaillé pendant *plus de trente années!* C'est là qu'il célèbre et décrit toutes les impudicités, des turpitudes qui font frémir, des crimes qui ne se nomment pas; c'est là qu'il faut s'écrier : *Paris le couronna*; *Sodome l'eût banni.*

Tout Voltaire est là : mépris de tout, insulte à tout, insulte à la religion, insulte au patriotisme, insulte à la vertu, insulte à la faiblesse, insulte à la jeune fille, insulte à la femme, insulte au peuple, insulte à la France, insulte à l'humanité : et cela, à un degré qu'on ne peut se figurer et avec des imaginations qui glacent d'effroi : et cela s'étale dans un long poëme de vingt et un chants, avec des variantes plus odieuses que le poëme lui-même !

Jeanne d'Arc ! la plus noble fille du peuple ! l'héroïne sans tache ! la libératrice de la France, la sainte et la martyre ! la plus touchante incarnation de l'âme populaire et de l'âme française ! Voilà Celle que Voltaire a choisie pour l'outrager ! Et dans son infernale imagination il ne sait qu'inventer pour porter l'outrage aux derniers excès. Mais comment ? Par quels mots de la langue humaine le dirai-je ? Et quelle pudeur pourra le supporter ! Comment peindre, comment indiquer seulement, sans déshonorer sa plume, ce qui eût été, dans cette âme virginale et héroïque, le dévergondage le plus effréné, le libertinage le plus abominable, si ce n'était une calomnie satanique, née d'un délire et d'une dépravation qui ne connaissent pas de bornes, et qui doit retomber de tout le poids de son infamie, sur le grand coupable, si profondément corrompu et corrupteur, qui a eu le cynisme de l'imaginer, et le cynisme encore plus éhonté de l'écrire?...

Mais c'est le même homme, d'ailleurs, et en un sens j'en bénis Dieu, qui a outragé la Pologne déchirée et sanglante, qui a bafoué la France vaincue, qui a rampé devant un roi de Prusse victorieux et de mœurs infâmes, devant une Catherine de Russie, meurtrière de son mari ; qui a outragé le peuple comme on n'outrage pas, et qui a fait à la religion de son pays la guerre acharnée dont nous ne tarderons pas à parler, Messieurs : c'est le même homme qui a traîné dans la boue la vierge d'Orléans, la martyre des Anglais, la libératrice de la France ! Eh bien, soit, qu'ils se prosternent devant lui ceux qui peuvent se reconnaître en lui ! Mais vous, Messieurs, avant d'offrir l'argent populaire à cette idole, et de faire chanter et danser le peuple devant elle, comme Moïse brisait autrefois les tables de la loi, vous devriez aussi briser toute loi morale, tout patriotisme et toute pudeur !

Vous représentez-vous, pendant les longues années qu'a duré la composition de l'infâme poëme, Voltaire ricanant devant cette figure angélique, et lui jetant à pleines mains toutes les ignomonies de son âme et de son cœur ?

Et s'il eût ricané seul ! Mais non, c'était avec l'étranger ! livrant aux moqueries du prince prussien la plus pure gloire de la France ! Oh ! il faut que je vous arrête un moment ici, Messieurs ; car, en vérité, vous avez oublié trop de choses, quand vous avez imaginé cette inimaginable « apothéose. »

Frédéric, le 22 février 1743, écrivait à Voltaire :

« Nous avons dit hier, de vous, tout le bien qu'on peut dire d'un mortel. » — Ailleurs, vous l'avez vu, il l'appelle scélérat ; mais entre eux, qu'importe ? — « La salle du souper était un temple où l'on vous faisait des sacrifices. Il faut absolument qu'il y ait quelque chose de DIVIN en vous. »

Ce quelque chose de DIVIN, savez-vous ce que c'était, Messieurs : c'était *la Pucelle !*

En effet, Voltaire, vil courtisan et vil libertin, flattant tout à la fois, avec son poëme, les passions honteuses et les passions antifrançaises du monarque prussien, celui-ci, enthousiasmé d'une œuvre qui était tellement dans ses goûts et outrageait la France dans sa plus noble héroïne, lui écrivait dans la même lettre:

« Envoyez-moi, je vous prie, *la Pucelle*, j'ai la rage de la dépécer... » — Et quelques jours après encore : « *La Pucelle ! la Pucelle !* et encore *la Pucelle !* pour l'amour de Dieu, ou plutôt pour l'amour de vous, envoyez-la moi ! »

Ne plaidez pas les circonstances atténuantes, Messieurs ; non, pour votre honneur, et par respect pour la France, pour le peuple, pour vous-mêmes, pour vos femmes et pour vos filles, si vous en avez, non, ne les plaidez pas.

Si de licencieux païens, si Tibulle, Martial, ou Ovide avaient essayé de publier un poëme pour déshonorer Clélie, l'héroïne romaine, ils eussent été à jamais déshonorés eux-mêmes.

Ah ! que Condorcet me paraît misérable, Messieurs, quand, pour excuser une infamie devant laquelle il n'y a qu'à se voiler le visage, il ose bien dire, lui, philosophe, que le sage a besoin de s'égayer à ses heures.

Voltaire, certes, avait pleinement conscience de l'ignominie de son œuvre ; et il a si bien senti qu'il avait parlé là de l'abondance de son cœur, que lui, qui s'en délectait secrètement avec la vertueuse Emilie, à Cirey, qui avait voulu en faire alors une édition clandestine avec cette malheureuse femme, qui en avait donné lui-même, avant que l'ouvrage ne circulât encore dans le public, six chants, et plus tard une copie complète à Frédéric, livrant de la sorte à notre ennemi la plus pure gloire de la France, couverte de toutes les ignominies dont il l'avait salie, Voltaire, selon sa méthode ordinaire, a imaginé toutes les comédies, toutes les hyprocrisies et tous les mensonges pour en dénier la paternité.

Il écrit à d'Argental ceci : « C'est le comble de l'opprobre de voir mon nom à la tête d'un tel ouvrage. Il y a là de quoi faire frémir le bon goût et l'humanité (1). »

Et quel nom fallait-il donc y mettre ?

Il écrit aux syndics de la librairie de Paris : « Les fragments de CETTE INDIGNE RHAPSODIE (*la Pucelle*), qui court Paris sous mon nom, m'ont été envoyés ; ils DÉSHONORERAIENT la librairie, et je vous fais les plus vives instances pour prévenir le débit de ces ŒUVRES DES TÉNÈBRES. »

Et, *presque le même jour*, il écrit, de *cette indigne rhapsodie*, de *cette œuvre de ténèbres*, qui *déshonorerait* la librairie, il en écrit ceci au duc de Richelieu, son

(1) A d'Argental, 20 mai 1775.

héros : « La voulez-vous, *pour vous amuser*, Monseigneur ?... Quoi ? qui ? *La Pucelle, la Pucelle, la Pucelle !* Je vous l'enverrai par la voie que vous m'ordonnerez ; vous l'aurez *plus complète* et *plus finie* que personne ; et cela ne lassera pas que d'égayer votre belle imagination. C'est le vrai bréviaire de mon héros (1). »

Mais ce n'est pas tout.

Un libraire de Genève imprime le poëme, que les libertins se disputaient déjà partout. Que fait Voltaire ? « Saisi d'horreur, dit-il, à la vue de ce poëme, » mais au fond ne voulant que se mettre lui-même à l'abri, en perdant un malheureux : au nom de « tout ce qu'il y a de plus sacré, » au nom de « la religion outragée, » il dénonce lui-même l'ouvrage aux magistrats de Genève, et fait mettre le libraire en prison.

« Je fus *saisi d'horreur* à la vue de cette feuille qui insulte avec autant *d'insolence* que de *platitude* A TOUT CE QU'IL Y A DE PLUS SACRÉ. Je dis que ni moi, ni personne de ma maison, ne transcrira jamais des choses SI INFAMES... Ni vous, Monsieur, ni le magnifique Conseil, ni aucun membre de cette République ne permettra DES OUTRAGES ET DES CALOMNIES SI HORRIBLES, et en quelque lieu que soit Grasset, j'informerai les magistrats de son entreprise, QUI OUTRAGE ÉGALEMENT LA RELIGION ET LE REPOS DES HOMMES (2). »

Ainsi parle de *la Pucelle* ce grand comédien ! l'éditeur fut donc jeté en prison ; et Voltaire, couronnant son hypocrisie, donnait effrontément cette incarcéra-

(1) Août 1755. Voltaire a soixante et un ans.
(2) Au Procureur syndic de Genève, 2 août 1755.

tion comme une preuve de plus de son innocence : « Je n'ai jamais rien vu, écrivait-il, de *plus plat et de* « *plus horrible*. Cela est fait par *le laquais d'un athée*. « Mon indignation ne m'a pas permis de différer un « moment à envoyer la feuille au magistrat de Genève. « On a mis sur le champ Grasset en prison. »

Et pourtant ce poëme, *plat et horrible*, fait par *le aquais d'un athée*, qui insulte avec *autant d'insolence que de platitude à tout ce qu'il y a de plus sacré*, etc., il l'a élaboré pendant plus de trente ans, et cela, dit-il lui-même, pour corrompre « *nos derniers neveux*... » Et il y comptait si bien, qu'il l'écrivait en 1761, âgé de soixante-sept ans, à Dalembert. Comparez, Messieurs, ce langage cynique avec sa feinte indignation, et vous me direz peut-être après quel homme était Voltaire : « Le sujet de Jeanne *étant cher à la nation*, et l'auteur « *inspiré de Dieu* ayant achevé *avec un zèle pur* cet « ouvrage, il se flatte que *nos derniers neveux siffleront* « *Fréron*, et tous les fripons ennemis des frères et de « sa confrérie. »

C'est donc à son égoïsme et à ses vengeances personnelles, comme à sa lubricité, qu'il immolait Jeanne d'Arc ; outrageant ainsi, et souillant, par calcul, à plaisir, avec son rire de démon, la vierge libératrice.

Et vous voulez, Messieurs, rendre à cet *homme* et à son *œuvre* un hommage solennel, un hommage national. Mais il y a sur une de vos places, à deux pas du lieu où l'héroïne fut blessée en voulant arracher Paris aux Anglais, il y a une statue de Jeanne d'Arc que le peuple a chargée de couronnes ; et vous voulez, vous, au pied de la statue de son insulteur, traîner la

France et l'Europe ! Mais, auparavant, faites comme les Anglais, Messieurs ; ils ont brûlé Jeanne d'Arc ; vous, brisez sa statue, ou du moins, par pudeur, voilez-là !

J'écris ces lignes aujourd'hui, 8 mai, fête de Jeanne d'Arc, anniversaire de notre délivrance ; je vois ce peuple orléanais, paisible et brave, respirer tous les parfums de patriotisme et d'honneur, épandus pour ainsi dire dans notre cité par le souvenir de la vierge martyre : et quand je songe qu'en même temps, des mains cachées portent ici dans l'ombre des listes de souscription au Centenaire de l'homme qui a été plus le bourreau de Jeanne d'Arc que les Anglais, je me dis : Mais c'est donc une conjuration organisée pour éteindre ce qui reste encore chez nous au peuple de l'âme chrétienne et française !

Et, par une ironie cruelle, vous choisissez le funeste anniversaire de la mort de Jeanne d'Arc, le 30 mai, le jour où les Anglais l'ont brûlée vive, pour fêter celui qui a voulu flétrir en elle ce qui lui était mille fois plus cher que la vie. Mais c'est lui infliger un double supplice (1) !

Avez-vous donc oublié que vous êtes Français ? Voulez-vous nous déshonorer à la face du monde ? Vous proposez-vous par votre fête de relever les mœurs publiques ou d'achever de les corrompre ? Voulez-vous fonder la République sur les mœurs ou sur l'immoralité ?

Et avez-vous oublié que vous êtes pères ? Si vos fils et vos filles voulaient lire, je ne dis pas *la Pucelle*,

(1) Voltaire mourait à Paris le même jour qu'avait été brûlée à Rouen celle dont il a voulu déshonorer la mémoire.

mais tant d'autres livres *infâmes*, c'est M. Victor Hugo qui a dit le mot, sortis de la plume de ce malheureux écrivain, d'autant plus dangereux qu'il joue plus spirituellement avec les mœurs, vous leur arracheriez ces livres des mains! Oui, Messieurs, car enfin, vous ne voulez pas, de gaîté de cœur, corrompre vos fils et vos filles: et vous préparez, sous leurs yeux, l'apothéose de cet *homme* et de son *œuvre;* de l'homme le plus licencieux, et d'une *œuvre d'ignominie!*

S'il en était ainsi réellement, nous serions tombés au rang de ces peuples dégradés, dont le sens moral s'est perdu, qui fléchissent sous le poids de leur propre corruption, avant de succomber, sans force et sans gloire, sous le sabre de l'étranger.

Et l'on comprendra qu'après une telle fête, il n'y a plus rien à ajouter à la triste série de nos humiliations et de nos ruines.

Et devant la statue couronnée de Voltaire, l'étranger se demandera ce qu'est devenue cette grande et noble nation qui fut la France.

Veuillez agréer, etc.

# DERNIÈRES LETTRES

SUR LE

# CENTENAIRE DE VOLTAIRE

## HUITIÈME LETTRE

### FOURBERIES ET MENSONGES DE VOLTAIRE. MÉPRIS QU'IL FAIT DE SA PAROLE.

Messieurs,

Vous venez de voir à quel degré Voltaire bafoua les mœurs dans ses écrits, comment il les outragea dans sa triste jeunesse, dans son âge mûr, et jusque dans sa licencieuse vieillesse. Etudions maintenant sous d'autres aspects sa moralité, et sachons bien enfin à quel homme s'adresseront vos hommages.

Hélas! je suis obligé de vous le dire : Impossible de reconnaître chez Voltaire, au moindre degré, ce sentiment essentiel à toute conscience d'homme honnête, le respect de sa parole et de la vérité. Sa vie entière donnerait ici un démenti à l'honneur que vous essayeriez de lui faire.

Marat, après ces paroles sur Voltaire : « Ecrivain scandaleux et qui pervertit la jeunesse, » ajoute « que son cœur fut le trône de l'envie, de l'avarice, de la vengeance, de la malignité, de LA PERFIDIE, et de toutes les passions qui dégradent l'espèce humaine. »

Frédéric, qui l'a vu de si près pendant de longues années, a eu à son tour sur lui des paroles aussi sévères que vraies, notamment ce mot, — « d'une précision définitive et terrible, » écrit M. Sainte-Beuve — par lequel Frédéric résume son jugement : « C'est UN FOURBE CONSOMMÉ, le plus méchant fou que j'aie vu de ma vie. »

Et qui donc encore a écrit de lui, s'adressant à lui-même, ce mot sanglant : « Vous êtes le dernier des hommes par le cœur. » Qui? sa propre nièce, si longtemps sa commensale, Mme Denys.

Et J.-J. Rousseau : « Le libelle, le NOIR MENSONGE, sont les armes familières de M. de Voltaire. »

Ainsi donc : *trône de l'envie, de la vengeance, de la malignité, de la perfidie, de toute les passions qui dégradent l'espèce humaine*; FOURBE CONSOMMÉ, *méchant fou*, le DERNIER DES HOMMES PAR LE CŒUR; voilà ce que fut votre héros!

A ces jugements d'hommes que vous ne pouvez récuser, ajoutons avec M. Sainte-Beuve :

Le plus grand *menteur* qui fût jamais; « ROMPU A MENTIR; ÉRIGEANT LE MENSONGE EN PRINCIPE;

« Se faisant de LA CALOMNIE UNE ARME ;

« Homme dont la conscience SE RETOURNE A VUE « D'ŒIL SELON SON INTÉRÊT; et qui jamais ne se fit « faute de recourir au MENSONGE ET A LA CALOMNIE. »

Et après avoir dit que, « de tous les défauts, le pire de tous, c'est de ne pas être sincère et véridique, »

M. Sainte-Beuve ajoute : « Homme dont TOUTE LA VIE A ÉTÉ UNE COMÉDIE » : voilà Voltaire.

Je regrette, Messieurs, de refroidir ainsi votre enthousiasme; mais que voulez-vous? Je ne puis dire que ce qui est la vérité.

Le fait est que la conscience du jeune Arouet s'oblitéra de bonne heure, dans le commerce des roués et des libertins qu'il fréquenta dès lors; et, comme il avait plus d'esprit qu'eux tous, il devint le plus roué de tous.

Quelle conscience il s'était faite à une telle école, le voulez-vous savoir, Messieurs? Ses maximes vous le diront, et plus encore que ses maximes toute sa vie.

« Il y a, dit Voltaire, une tragédie anglaise qui commence par ces mots : « METS DE L'ARGENT DANS TA POCHE, ET MOQUE-TOI DU RESTE. » — « Cela n'est pas tragique mais *cela est fort sensé* (1). »

« Le plaisir est le but universel : *qui l'attrape a fait son salut* (2). »

« *Il est bien certain qu'un lion mort ne vaut pas un lion vivant;* IL FAUT JOUIR ET TOUT LE RESTE EST FOLIE (3). »

« Pour qu'un homme soit coquin, il faut qu'il soit un grand personnage; il n'appartient pas à tout le monde d'être un fripon (4). »

Il écrivait enfin à Damilaville : « Il faut dérouter le public, *que les grands politiques doivent toujours tromper* (5). »

(1) Au P. Menoux, 11 juillet 1760.
(2) A Berger, 10 octobre 1736.
(3) A Frédéric, 22 décembre 1772.
(4) A d'Argental, 28 décembre 1734.
(5) 4 février 1762.

Et ce ne sont là encore que des échantillons; que serait-ce si je pouvais tout citer?

Donc, absence absolue, vous le voyez, extinction de tout sens moral; mépris cynique de toute loyauté; rien pour la conscience; disons le mot : conscience absolument tarée, voilà Voltaire.

M. Sainte-Beuve a dit encore de lui : « SANS FOI NI LOI, du moment qu'on le contrariait. » Rien n'est plus vrai; il y a dans toute sa vie des traits de lésinerie misérable; des traits de déloyauté flagrante, d'improbité; enfin on a dit même un mot que je n'aime pas à redire, de friponnerie.

Je n'insiste pas sur ces choses, Messieurs, mais puis-je ne pas au moins les mentionner?

Que Voltaire ait été cupide, avare, puisque Mme Denys, sa propre nièce, lui a écrit : « L'AMOUR DE L'ARGENT VOUS POIGNARDE; » que sa vie soit pleine de roueries malhonnêtes, de ladreries insignes; qu'il ait mis la main dans de sales affaires, qu'il ait joué, agioté, fait la traite des noirs, qu'il ait été vivrier en même temps que négrier; qu'il ait subi des procès honteux, des avanies misérables, et qu'en fin de compte, il soit mort, grâce à tout cela, plusieurs fois millionnaire, voilà ce qui est acquis à l'histoire; et il faut bien le rappeler, Messieurs, pour venger au moins la conscience humaine des honneurs étranges que vous préparez à un tel homme, au nom d'une ville qui certes ne vous en a point chargés.

Aussi, un patient écrivain, M. Nicolardot, qui, dans un curieux et savant livre, intitulé *Ménage et Finances de Voltaire*, a pris la peine d'éclaircir ce côté particulier de sa vie, termine-t-il ses récits par ces lignes qui les résument.

« N'a-t-il pas fraudé les agents du fisc ? N'a-t-il pas dupé tous ses débiteurs? N'a-t-il pas frustré ses domestiques et ses libraires? N'a-t-il pas ruiné Jore? N'a-t-il pas mérité un jugement sévère pour ses procédés envers le président de Brosses ? N'a-t-il pas été impliqué dans des procès qu'il était plus honteux de gagner que de perdre? N'a-t-il pas été convaincu de s'être livré à l'agiotage? En taxant de rapines les intérêts des frères Pâris, et autres vivriers, avec lesquels il était associé, n'a-t-il pas confessé qu'il avait profité des malheurs de son pays, et qu'il devait presque toute sa fortune à des machinations d'un esprit sans droiture et sans patriotisme (1)? »

Voltaire était en effet associé et faisait des affaires avec les fournisseurs de l'armée. « Dès 1734, raconte M. Desnoiresterres, durant la première guerre d'Italie, les frères Pâris lui accordaient un intérêt dans les vivres; et, au règlement définitif, il recevait pour solde de compte UNE SOMME DE SIX CENT MILLE FRANCS. En 1741, mêmes avantages, et bonnes occasions de GAINS CONSIDÉRABLES.

C'est donc sur des fournitures faites à nos soldats, que Voltaire gagna en grande partie son immense fortune. Plus tard, lui-même, — mais quelle contradiction lui coûtait? — se moqua des frères Pâris, et leur appliqua ce vers :

*Et Pâris, et fratres, et qui rapuere sub illis.*

(1) P. 409.
(2) Desnoiresterres, *Voltaire à Cirey*, p. 381, 382.

« Voltaire a peu de mémoire, dit encore à ce propos M. Desnoiresterres, ou il se moque du monde. » Car, de ces frères et de ces *voleurs*-là, il en était.

Aussi je ne m'étonne pas qu'il écrivît : « Il faut faire attention à toutes les *opérations* que le ministère, toujours obéré et toujours inconstant, fait dans les finances de l'Etat. *Il y en a toujours quelqu'une dont un particulier peut profiter.* » Voilà bien l'agioteur aux aguets.

Nous avons prononcé plusieurs fois le nom de Jore, le malheureux éditeur de ses *Lettres philosophiques*. Après avoir hébergé plusieurs mois Voltaire dans sa propre maison, à Rouen, Jore imprime ces *Lettres*, trompé par l'auteur, et croyant à une permission verbale d'imprimer dont celui-ci se targue ; puis, comme Jore refuse, avec raison, de les livrer au public sans preuve écrite de cette prétendue permission, Voltaire lui demande, sous prétexte d'additions et de corrections, deux exemplaires, et les fait réimprimer clandestinement à Paris et à Amsterdam, sous le nom même de Jore ; et, quand la police prend l'éveil et recherche l'auteur de l'édition clandestine, Voltaire lui-même dénonce Jore, quoique nul ne sache mieux que lui que l'édition clandestine a été faite à Paris, et non à Rouen, et non par Jore ! Le malheureux Jore est jeté à la Bastille ; des perquisitions faites chez lui font découvrir l'édition première, obtenue par un mensonge de Voltaire ; son brevet d'imprimeur, son gagne-pain lui est retiré ; il est ruiné, lui et sa famille ; et Voltaire, qui l'a dénoncé et ruiné, refuse même de lui payer les frais de l'édition cause de sa ruine (1)! » Le pauvre imprimeur ne put se relever du coup. Plus tard, vieux et mourant de faim, il implora Voltaire, plusieurs fois millionnaire ; alors, Voltaire lui jettera quelques secours, mais dérisoires, et le laissera mourir dans sa misère

Et que dire de sa triste affaire avec le président de Brosses?

Le président dut lui écrire : « Nos amis communs, que vous citez, ne peuvent s'empêcher de *lever les épaules*, en voyant un homme si riche et si illustre *se tourmenter* A UN TEL EXCÈS *pour ne pas payer à un paysan* 280 *livres, pour bois de chauffage qu'il lui a fourni*. Voulez-vous faire ici le second tome de M. de Gauffecourt, *à qui vous ne vouliez pas payer une chaise de poste que vous aviez achetée de lui?* En vérité, *je gémis, pour l'humanité*, de voir un grand génie, avec *un cœur si petit*, SANS CESSE TIRAILLÉ *par des misères de jalousies et de lésine* (2). »

Combien M^me^ Denys avait-elle dû voir de traits de ce genre, pour que ce cri lui fût arraché : « L'amour de l'argent vous poignarde,..... vous êtes le dernier des hommes par le cœur ! »

A Lunéville encore, chez le roi Stanislas, ce ne sont que des lésineries, mais combien misérables, et quelles

(1) Voir, dans l'ouvrage déjà cité de M. Maynard, tous les détails avec preuves de cette affaire.

(2) Octobre 1761.

Cela rappelle le mot que Voltaire aurait dit à un villageois en refusant de recevoir du foin qu'il lui avait acheté, parce que depuis une baisse était survenue :

« Mais, Monsieur, j'ai votre parole. » objectait le paysan. — « Ah ! tu as ma parole ! Eh bien ! garde-la et ton foin aussi. » — (Société *Foi et Lumières*, tome I^er^, page 95.)

plates requêtes de Voltaire, pour obtenir *du pain, du vin et de la chandelle* (1).

« Les rois, écrivait-il bassement, sont, depuis Alexandre, en possession de nourrir les gens de lettres, et quand Virgile était chez Auguste, Aliotus, conseiller aulique d'Auguste, faisait donner à Virgile, *du pain, du vin et de la chandelle.* »

Reste à savoir si Virgile avait la bassesse d'écrire à Auguste pour en demander.

Parlerons-nous de sa laide affaire avec le juif Hirschel ? Ici l'escroquerie se mêle au mensonge, et Frédéric en écrivait à sa sœur Wilhelmine, une admiratrice passionnée de Voltaire : « *L'affaire de Voltaire n'est pas encore finie. Je crois qu'il s'en tirera par une gambade. Il n'en aura pas moins d'esprit, mais son caractère sera plus méprisé que jamais* (2). »

Frédéric, tout en méprisant Voltaire et en le déclarant méprisable, le gardait encore, parce que le roi philosophe, *César Cottin*, ainsi que le nommait quelquefois Voltaire, avait encore besoin du poëte pour *laver*, disait encore celui-ci, *son linge sale*, c'est-à-dire pour corriger ses mauvais vers. Il le gardait donc ; mais voici le cas qu'il en faisait :

« J'espère, lui écrivait-il, que vous n'aurez plus de querelle, *ni avec le Vieux ni avec le Nouveau Testament* (*ni avec chrétiens ni avec juifs*). *Ces sortes de compromis sont flétrissants* ; et, avec les talents du plus bel esprit de France, *vous ne couvrirez pas les taches que cette conduite imprimerait à la longue à votre réputation.* Un

(1) A Stanislas, 29 août 1749.
(2) 2 février 1751.

libraire Jore, un violon de l'Opéra (allusion à une autre triste affaire de Voltaire avec les *Travenols*), un juif joaillier, ce sont en vérité des gens dont, dans aucune sorte d'affaires, les noms ne devraient se trouver à côté du vôtre. J'écris cette lettre avec le gros bon sens d'un Allemand, qui dit ce qu'il pense, sans employer de termes équivoques et de flasques adoucissements qui défigurent la vérité. C'est à vous d'en profiter (1). »

On sait quelle fut la fin de tout cela, et comment Frédéric, joué par Voltaire, le châtia à Francfort. Nous avons déjà rappelé ces mots terribles, mais trop vrais dans lesquels Frédéric résume son jugement sur lui :

« *Fourbe consommé.* »

« *Le plus méchant fou que j'ai jamais vu de ma vie.* »

Mais laissons toutes ces lésineries, où la fourberie et le mensonge se combinaient plus ou moins. Voyons plus directement encore, le cas que Voltaire faisait de sa parole, et combien il était, selon le mot de M. Sainte-Beuve, *rompu à mentir*.

Je ne crois pas, en vérité, que jamais homme ait menti comme Voltaire mentait.

« J'aimerais mille fois mieux avouer un méchant ouvrage, disait-il, que d'être exposé à mentir trente fois par jour. » A ce compte, énumérez, Messieurs, si vous le pouvez, les mensonges de Voltaire, qui tant de fois a désavoué ses œuvres les plus authentiques! Et il faut voir de quel ton, avec quels cris de feinte indignation ou de candide innocence! Et non-seule-

(1) Même année 1751.

ment il les désavoue; mais lorsqu'il est poursuivi par la justice, il ne se fait pas faute de les imputer hardiment, à celui-ci, à celui-là; peu lui importe d'en accuser ses adversaires, de rejeter sur eux, par des calomnies effrontées, ses périls et la honte de ses œuvres. N'est-ce pas là, Messieurs, l'art de mentir porté à la souveraine perfection (1)?

« Envoyez-moi donc, écrit-il à Thiriot, ces *épîtres* qu'on m'attribue? qu'est-ce que *cette drogue sur le bonheur* (2)?...

« Ces *épîtres* ne sont pas de moi, et vous me feriez une vraie peine si vous ne faisiez pas tous vos efforts pour désabuser le public... Je suis fâché qu'on m'attribue des *épîtres sur la liberté*.

« Je serais bien fâché de passer pour l'auteur de *Zadig* (3). »

« J'ai lu enfin *Candide*. Il faut avoir perdu le sens pour m'attribuer cette cochonnerie : j'ai, Dieu merci, d'autres occupations. »

Jean-Jacques lui ayant attribué, et justement, un ouvrage qui se trouve en effet dans toutes les éditions de ses œuvres, il l'appelle un « *délateur* infâme. »

Mais, à propos d'une *collection des œuvres complètes de V.*, écoutez, Messieurs, comment il s'exprime :

« Ce *V.* ne s'accommoderait pas du tout de cette sottise (4)...

(1) Il attribuait *les Epîtres sur le bonheur* à Gress et, *le Préservatif* au chevalier de Mouhy, *l'Abbé Desfontaines* et *le Ramoneur* à La Fage, *l'Histoire du Parlement* à La Harpe, au même *les Anecdotes sur Fréron*, *le Dictionnaire philosophique* à Dubut, *les Sentiments de la ville* à Verne, etc., etc., etc.

(2) 22 mars 1738.

(3) A d'Argental, 10 octobre 1748.

(4) A Damilaville, 18 avril 1764.

« J'en écrirai, moi, à M. de Sartines avec une violente véhémence, et je me vengerai de cet horrible attentat d'une façon exemplaire. »

Quel fourbe!

Voltaire avait écrit *la Philosophie de l'histoire*, comme on sait qu'il écrivait l'histoire, falsifiant et dénaturant tout (1); le fait est que le livre révolta le public éclairé (2), et Voltaire s'effraya de la clameur publique. Mais que fait-il alors? Il ne se contente pas de désavouer l'ouvrage, il le rejette sur un autre, et, pour se mieux mettre à l'abri, qui choisit-il? un ecclésiastique : « Soutenez constamment, écrivait-il à Damilaville, le 20 mai 1765, que l'abbé Bazin est le véritable auteur de *la Philosophie de l'histoire*... Faites beau bruit, vous et les frères. »

Et il ne s'en tient pas encore à cette rouerie : dans une lettre au comte d'Argental, ce n'est pas uniquement l'abbé Bazin qu'il accuse de son œuvre, c'est un malheureux libraire, auquel il impute la responsabilité de la publication. « Tout le monde sait, écrivait-il, que c'est un pauvre libraire de Lausanne, chargé d'une nombreuse famille et accablé de misère... En un mot, on est persuadé ici que je n'ai nulle part à cette édition. »

Quel maître passé dans l'art de mentir!

(1) A propos d'une observation de Robertson sur Voltaire M. de Châteaubriand dit que Voltaire « a donné aux passages originaux, un tour particulier, pour leur faire dire tout autre chose qu'ils ne disent en effet. » — (Édit. Pourrat, t. XVI, p. 300.)

(2) Le savant Larcher résumait ainsi son opinion sur cette histoire : « Bévues, fausses citations, ignorance du grec, du latin, de la chronologie, de la géographie, de l'histoire ; plagiats depuis la page 1 jusqu'à la page 414 et dernière, inclusivement. »

Il désavoue de même *le Portatif*, le *Dictionnaire de philosophie : « avec ma candeur*, dit-il, et *mon innocence ordinaire.* »

« Je vous conjure, écrit-il à Dalembert, d'affirmer sur votre part du paradis, que votre *frère* n'a nulle part au *Portatif* (1)..... »

Et de même qu'il avait attribué la *Philosophie de l'histoire* à l'abbé Bazin, il attribuera le *Dictionnaire* à un théologien hollandais : « Le livre est reconnu, dit-il, pour être d'un nommé Dubut, petit apprenti théologien de Hollande..... Je vous le dis, je vous le répète, ce maudit livre sera funeste aux *frères*, si on persévère dans l'injustice de me l'attribuer. On sait comment la calomnie est faite. Voilà, son style, dit-elle ; ne le reconnaissez-vous pas à ce tour de phrase ? Eh ! madame l'impudente, qui vous dit que M. Dubut n'a pas le même style (2)? »

Encore une fois, quel maître fourbe ! et M. Sainte-Beuve n'a-t-il pas eu raison de rire et de s'indigner de la confrérie de ces Messieurs?

Telle est donc sa constante pratique, le mensonge; et c'était, dit M. Sainte-Beuve, sa théorie : il avait érigé le mensonge en principe. »

« Au reste, je ne me console point que vous ayez donné votre livre sous votre nom, écrivait-il à Helvétius; il ne faut jamais rien donner sous son nom. Je n'ai pas même fait *la Pucelle ;* maître Joli de Fleuri aura beau faire un réquisitoire, je lui dirai qu'il est un calomniateur; que c'est lui qui a fait la *Pucelle*,

(1) 7 septembre 1764.
(2) 29 septembre 1764.

qu'il veut méchamment mettre sur mon compte (1). »

Eh bien! qu'en pensez-vous?... de cette *candeur?*

Il craint que *l'Enfant prodigue* ne tombe; alors :

« Il faut, mon cher ami, écrit-il à Berger, soutenir à tout le monde que je n'en suis point l'auteur. »

Et à Thiriot :

« Le mensonge n'est un vice que quand il fait du mal. C'EST UNE TRÈS-GRANDE VERTU QUAND IL FAIT DU BIEN..... Soyez donc plus VERTUEUX que jamais : il faut mentir COMME UN DIABLE, non pas timidement, non pas pour un temps, mais HARDIMENT ET TOUJOURS.

« MENTEZ, MES AMIS, MENTEZ, JE VOUS LE RENDRAI DANS L'OCCASION (2). »

Pour quiconque est de bonne foi, l'homme qui ose parler ainsi a perdu toute pudeur du mensonge. L'insignifiance même de l'occasion ne fait que plus étonnamment ressortir la profondeur et le cynisme de l'habitude. Il n'y a qu'une âme tout à fait familiarisée avec le mépris de la vérité qui sache professer aussi impudemment de tels principes!

« Comme je suis fort insolent, dit ailleurs Voltaire, j'en impose un peu, et cela contient les sots (3). »

Messieurs, si vous n'admettez pas qu'il y ait deux morales, ni que la fin justifie les moyens, ni qu'il soit permis de jouer ainsi avec la parole humaine ; si vous estimez que la parole d'un homme, c'est son honneur,

(1) A Helvétius, 13 août 1762 ; à Dalembert, 19 et 12 octobre 1764 ; à d'Argental, 2 octobre et 20 novembre 1764, etc.

(2) Lettres à Berger et à Thiriot, des 10, 18 et 21 octobre 1736.

(3) Lettre à Dalembert, 15 septembre 1762.

et qu'un homme ne compte plus, quand sa parole ne compte pas, vous flétrirez, assurément, cette honteuse théorie! Mais si vous la flétrissez, comment pouvez-vous honorer l'*homme*, qui, toute sa vie, l'a professée et pratiquée, et à un tel degré?

Mais quand le mensonge n'est pas seulement en paroles, mais en acte, quand il résulte d'une conduite calculée à dessein de tromper, comment appelle-t-on cela, Messieurs? Si je ne me trompe, le mensonge ici se double d'hypocrisie.

Combien de fois Voltaire en a-t-il donné le dégoûtant spectecle? Rappelez-vous seulement, Messieurs, entre tant d'autres, ses intrigues pour arriver à l'Académie.

Après un premier échec, naturellement il crie qu'il n'en veut plus, qu'il n'y avait jamais songé, n'y songera jamais. « Une place à l'Académie! place, écrit-il, méprisée par les gens qui pensent, respectée encore par la populace, et toujours courue par ceux qui n'ont que la vanité (1). »

Et, à d'Olivet : « Vous savez qu'il y a vingt ans je vous ai dit que je ne serais d'aucune Académie (2). » — Il a été, si je ne me trompe, de dix-huit. — Et encore : « Chose étrange, que presque tous les beaux esprits aient fait des épigrammes contre l'Académie française, et aient fait des brigues pour y être admis. » — « On ne connaît guère, ose-t-il ajouter, que M. de Voltaire qui n'en ait jamais médit satiriquement, et et qui n'ait fait aucune démarche pour en être (3). »

(1) Lettre à Formont, 26 décembre 1731.
(2) 30 novembre 1735.
(3) *Vie de J.-B. Rousseau*, 1738.

Deux mensonges au lieu d'un; et, ici, qui l'oblige à mentir, Messieurs? Il ment par vanité, et par l'habitude de mentir; car d'une part, l'Académie française, il l'a criblée après son premier échec de ses épigrammes; et, d'autre part, pour y entrer, que n'a-t-il pas fait!

Il remue pour cela ciel et terre; et à quels mensonges n'a-t-il pas encore ici recours! Lui, qui avait déclaré la guerre au Christianisme, hardiment il désavoue tous ses écrits antichrétiens : — *l'Epître a Uranie*? Mais c'est l'abbé de Chaulieu, dit-il, qui a écrit cette horreur; — les *Lettres philosophiques?* Comment, on ose lui imputer un tel écrit! Jamais il n'a écrit de *Lettres philosophiques!...* » Et en même temps, il proteste de ses sentiments religieux. « Je puis dire *devant Dieu qui m'écoute* que je suis *vrai catholique;* » et afin d'en mieux persuader le public, voilà qu'il fait, comme vous diriez aujourd'hui, Messieurs, le bon apôtre. Il déclare que nul n'est plus reconnaissant et dévoué que lui aux jésuites. Il écrit au P. de La Tour :

« JE SOUMETS TOUS MES ÉCRITS AU JUGEMENT DE L'ÉGLISE. Si jamais on a imprimé sous mon nom, *une page* qui puisse scandaliser un *sacristain de paroisse*, je suis prêt à la déchirer devant lui; je veux vivre et mourir tranquille *dans le sein de l'Eglise catholique, apostolique et romaine* (1). »

Et vous connaissez, Messieurs, sa fameuse lettre à Moncrif :

« Je vous remercie de votre conversation avec le

(1) 7 février 1746.

P. Perrusseau ; il est d'une compagnie à laquelle je dois mon éducation et le peu que je sais ; il n'y a guère de jésuites qui ne sachent que je *leur suis attaché dès mon enfance;*... assurément, *les jésuites doivent m'aimer*, et ils manqueraient à ce qu'ils doivent à la mémoire du P. Porée, qui me regardait comme son fils, s'ils n'avaient pas pour moi un peu d'amitié. »

« Le pape, en dernier lieu, a chargé M. le bailly de Tencin de me faire les compliments de Sa Sainteté, en m'assurant de sa protection et de sa bienveillance ; je me flatte que les bontés du *Père commun* m'assureront celles de ses principaux enfants (1). »

Malheureusement, tout cet excès de tendresse ne l'empêchait pas d'écrire :

« Est-ce que la proposition *honnête et modeste* D'ÉTRANGLER LE DERNIER JÉSUITE AVEC LES BOYAUX DU DERNIER JANSÉNISTE ne pourrait pas amener les choses à quelque *conciliation* (2) ? »

« Il ne serait pas mal qu'on envoyât CHAQUE JÉSUITE DANS LE FOND DE LA MER, AVEC UN JANSÉNISTE AU COU (3). »

Bien plus, — comble de la rouerie hypocrite, — afin de mieux jouer tout le monde, il imagine de tromper jusqu'au Saint-Père par la dédicace fallacieuse d'une de ses tragédies, dont il lui dissimule audacieusement le vrai but dans une épître dédicatoire, d'une platitude parfaite, si elle n'est pas d'une insigne hypocrisie ; mais je crois, Messieurs, que les deux y sont.

(1) 7 avril 1746, recueil de 1856.
(2) Lettre à Helvétius, 11 mai 1761.
(3) Lettre à M. de Chabanon, 21 décembre 176 .

« Très-saint Père,

« Votre Sainteté voudra bien pardonner la liberté que prend un des plus humbles, mais plus grands admirateurs de la vertu, de consacrer un écrit contre le fondateur d'une religion fausse et barbare, au chef de la véritable religion, *au vicaire et à l'imitateur du Dieu de paix et de vérité?* Que Votre Sainteté daigne permettre que *je mette à ses pieds et le livre et l'auteur,* J'ose lui demander sa protection pour l'un et pour l'autre C'est avec les sentiments d'une profonde vénération que *je me prosterne et que je baise vos pieds sacrés.*

« VOLTAIRE (1). »

Ce qui n'empêche pas que, de la même plume, il écrivît : « Le temps viendra où nous mettrons les papes sur le théâtre, comme les Grecs y mettaient Atrée et Thieste, qu'ils voulaient rendre odieux (2). »

Et encore :

« Je m'adresse au Pape en *toute droiture*. Ma destinée est de bafouer Rome, et de la faire servir à mes petites volontés. L'aventure de *Mahomet* m'encourage; je demande des reliques pour mon Eglise (3)... »

Mais ce n'était pas seulement les jésuites et les jansénistes qu'il traitait de la sorte, c'était ses meilleurs amis, et parmi eux celui-là même à qui il avait donné des leçons de mensonge et de calomnie, le fameux Thiriot.

Il en avait fait à Paris son plénipotentiaire, et

(1) Dédicace de *Mahomet*.
(2) 28 février 1764, à M. Saurin.
(3) 21 juin 1761, à d'Argental.

voici l'estime et la sincérité dont il payait ses services :

Le 17 janvier 1729, il écrit à Thiriot : « Je vous aime et ne vous trompe point. »

Et la veille même, le 18, s'exprimant à cœur ouvert avec d'Argental, sur le compte de Thiriot, il disait : « Y a-t-il une âme de boue, aussi lâche, aussi méprisable? »

Mais tout cela n'est rien encore, auprès de ce qui me reste à vous dire, quelque répugnance que j'y aie. Ah! c'est ici surtout, Messieurs que vous serez forcés de rougir de votre idole! C'est ici que l'ignominie et l'apparat des hypocrisies font descendre la dignité humaine au-dessous de tout, je veux parler de cette révoltante comédie des confessions et des communions sacrilèges que Voltaire a jouée, et plus d'une fois.

La première, c'était au temps où, châtié par le roi de Prusse à Francfort, et retiré à Colmar, il remuait tout Paris pour essayer d'y revenir. C'est alors qu'il écrivait à Richelieu : « Est-ce que vous seriez assez bon pour me mettre aux pieds de M^me^ de Pompadour (1)? » et à M^me^ de Pompadour elle-même : « S'il m'était permis, Madame, de venir à Paris... *assurer du pain à ma famille*, je mourrais consolé, et pénétré pour vous, Madame, de la plus respectueuse et de la plus grande reconnaissance (2). » Mais ces bassesses ne lui suffisaient pas : dans une inspiration de ce que vous me permettrez bien, Messieurs, d'appeler le

(1) 7 septembre 1753.
(2) Décembre 1753.

génie incarné de l'hypocrisie, mettant bas toute dignité, toute pudeur, et poussant l'impiété et la lâcheté jusqu'aux plus effrayantes limites, pour faire croire qu'il était bon chrétien et victime de la calomnie, pour attendrir M^me^ de Pompadour et le roi, il imagina : quoi? de se confesser à un capucin, et de communier le jour de Pâques, et de faire communier avec lui son secrétaire Collini! « J'avoue, raconte Collini, que je profitai d'une occasion aussi rare pour examiner la contenance de Voltaire pendant un acte si important... Il fixait ses yeux bien ouverts sur la physionomie du prêtre. Je connaissais ces regards-là (1). »

Et qu'en pensiez-vous, M. Collini, de « ces regards-là? »

Vous représentez-vous Voltaire, Messieurs, pieusement agenouillé à la sainte table, au milieu des fidèles, le tartufe, et fixant ses yeux bien ouverts, le satyre, sur la physionomie du prêtre?... Ce que traduisaient de tels regards, ce qu'il y avait alors au fond de l'âme de cet homme qui mentait si impudemment aux hommes et à Dieu, qui simulait, pour les profaner, les sentiments les plus sacrés, mettant par-dessus ses impiétés et ses obscénités le voile pieux et hypocrite d'une confession et d'une communion sacrilèges, et cela, pour obtenir son retour à Paris : n'est-ce pas l'ignoble et l'horrible poussés au-delà de toutes les bornes connues?

Les chrétiens furent indignés, les philosophes rougirent. Mais Voltaire se délectait dans ces infamies

(1) Collini, p. 128.

qui allaient si bien à sa nature, et il écrivait à Dalembert, avouant sans vergogne son hypocrisie :

« Sachez que vos bonnes plaisanteries ne m'ôteront pas ma dévotion (1). »

Et au comte d'Argental : « Je me préparerai à tout, en faisant mes Pâques dans ma paroisse ; je veux me donner ce petit plaisir en digne seigneur châtelain (2). »

Et plus tard il recommença.

Il s'agissait toujours pour lui de revoir Paris. Mais sa fureur irréligieuse s'y opposait plus que jamais. Il était au plus fort de cette rage antichrétienne qui le tourmentait à Ferney, et il vomissait tous les jours, en les désavouant, bien entendu, ce torrent de libelles abominables et impies. Ce fut alors que, pour faire contre-poids au scandale qui montait toujours, et malgré les indignations et les sarcasmes qu'avait soulevés sa première comédie sacrilège à Colmar, il en imagina une nouvelle. On le vit donc, le jour de Pâques de l'an 1768, à soixante-quatorze ans, se rendre à l'église en grand appareil, y communier, et même, Messieurs, y prêcher.

Mais il y avait à Annecy un évêque digne de ce nom, qui ne permit pas au vieil histrion de recueillir le fruit de cet infâme jeu. Défense fut faite à tout prêtre de confesser à l'avenir et de communier le coryphée de l'irréligion sans retractation préalable en bonne et due forme. Et Voltaire fut dans l'alternative de renoncer à ses ignobles facéties, ou de s'enfoncer encore plus dans la bassesse ; mais quelle

(1) 22 décembre 1759, à d'Argental.
(2) A Dalembert, 27 février 1781.

bassesse, Messieurs, pouvait arrêter cet homme? Pour se confesser et communier malgré l'évêque, il fait le malade, se met au lit pendant huit jours, demande comme un moribond le viatique, se confesse, signe en se confessant une profession de foi chrétienne des plus explicites, la répète devant témoins au moment de communier, communie, et prend acte de tout par-devant notaire. Puis, l'odieuse comédie jouée, il saute lestement hors de son lit, et dit à son secrétaire : « J'ai eu un peu de peine avec ce drôle de capucin, mais cela ne laisse pas que d'amuser et de faire du bien. Je vous avais bien dit que je serais confessé et communié malgré Mons. Biord. Allons faire un tour de jardin. »

Il fut obligé de reconnaître lui-même qu'on se moqua beaucoup à Paris, et certes il y avait lieu, de ce qu'il a l'infamie d'appeler « cette petite facétie (1). »

Voilà les faits, Messieurs, voilà sur quoi Voltaire comptait pour revenir à Paris.

Frédéric en rougit lui-même. « Je suis honteux, écrivait-il à Dalembert, qu'il donne au public une farce aussi triviale, qu'il fasse imprimer sa confession de foi à laquelle personne n'ajoute foi, et qu'il souille la mâle parure de la philosophie par les accoutrements de l'hypocrisie dont il s'affuble (2). »

Dites-moi, Messieurs, où voulez-vous voir le fond d'une âme, quels actes vous le révèleront jamais, si ceux-là ne vous montrent pas et à nu l'âme de Voltaire, et tout ce qu'il y avait d'impiété, d'hypocrisie,

(1) A Mme Necker, 23 avril 1776.
(2) Lettre de Frédéric à Dalembert, 17 juillet 1769.

de platitude, de roueries et de cynisme dans cette âme-là !...

Pensez-vous que M. Victor Hugo et M. Louis Blanc, fiers proscrits de l'Empire, eussent jamais voulu acheter leur entrée en France à ce prix-là ?

---

# NEUVIÈME LETTRE

VOLTAIRE
COMÉDIEN DE TOLÉRANCE ET DE PHILANTHROPIE.
LA POLOGNE.

MESSIEURS,

Toutes les indignités que nous venons de voir, toutes ces taches sur le nom de Voltaire, il vous est bien impossible de les nier; mais, je sais ce que vous dites : Voltaire est le grand champion de la tolérance et de la philanthropie. Voilà ce qui doit, selon vous, effacer tout le reste, et mettre le monde à ses pieds.

Eh bien, ici encore, Messieurs, j'ai le regret d'être forcé à vous le dire : Vous vous prosternez devant un masque et vous adorez une idole; vous êtes dupes d'une grande comédie et d'un grand comédien. Et c'est ici surtout qu'il convient de répéter, le mot est de M. Sainte-Beuve : « Toute la vie de Voltaire n'a été qu'une comédie. »

Distinguons donc, Messieurs, s'il vous plaît, entre le masque et la personne, entre le rôle et l'homme.

Toute sa vie, Voltaire a fait sonner bien haut ces grands mots de philanthropie et de tolérance; il a écrit sur ces beaux thèmes, en prose et en vers, force tirades, qui ne lui coûtaient guère : c'est ainsi qu'il posait devant le public.

Mais voulez-vous n'être pas dupes de ces apparences et de ces déclamations ? Voulez-vous étudier de près la vie et les actes de Voltaire ? Voulez-vous le voir enfin tel qu'il était dans son âme et dans son cœur ? Que trouverez-vous ? Un grand égoïste et un grand intolérant ; et, comme le disait Marat, une âme pétrie de vanité, d'envie, de fiel et de haine, bref, un homme méchant; réclamant sous le nom de tolérance, pour lui, non pour les autres, la licence et l'impunité; en réalité, n'aimant ni le peuple, ni les peuples; n'aimant et ne servant que lui-même, sa renommée, sa fortune, son bien-être. Voilà sur Voltaire la vérité vraie : levez le masque, voilà l'homme.

De tout cela, Messieurs, les preuves abondent ; mais, obligé de me restreindre, ici encore je dois me borner à quelques traits, décisifs toutefois pour ceux qui n'ont pas de parti pris, et qui ne veulent pas, à la façon de tous les adorateurs d'idoles, fermer leurs yeux pour ne pas voir, et leurs oreilles pour ne pas entendre.

Commençons par étudier, si vous le voulez bien, les polémiques personnelles de Voltaire, ses procédés de discussion. Je me trompe fort, ou vous serez forcés de souscrire à ce jugement : Non-seulement les procédés polémiques de Voltaire étaient odieux, et malhonnêtes; mais de plus, ce n'était que pour lui, pour toutes ses audaces, que Voltaire réclamait la licence et l'impunité; quant à ses adversaires, ce qu'il voulait pour eux, c'était la compression et l'intolérance.

Sans doute, la guerre est la guerre, et un homme attaqué a le droit de se défendre : mais le peut-il par tous les moyens? Eh bien! ce sont les moyens, les procédés de Voltaire que je vous dénonce : je dis qu'ils outragent la conscience; je dis qu'aujourd'hui ils déshonoreraient l'écrivain qui oserait les employer; je dis surtout qu'ils dévoilent, qu'ils mettent à nu chez Voltaire une prodigieuse intolérance, et la méchanceté *inouïe* qui faisait le fond de cette âme-là.

Frapper l'homme derrière l'écrivain, calomnier et déshonorer son adversaire, tout mettre en œuvre pour le perdre et lui fermer violemment la bouche, est-ce là une polémique qu'un honnête homme puisse approuver? Eh bien! ce fut, dans toutes les querelles de Voltaire, depuis sa jeunesse jusqu'à ses quatre-vingts ans, son procédé constant. Injures atroces, calomnies odieuses, dénonciations infatigables, perpétuel recours à la police, à la compression et à la force : voilà les moyens de polémique de cet homme, et voilà pourquoi je l'appelle, et l'appellerez avec moi, un comédien de tolérance.

Jean-Baptiste Rousseau est malheureux, exilé, chargé d'années. Il ose, dans une lettre à un de ses amis, critiquer, et très-modérément, *Zaïre*. Que Voltaire défende sa pièce, réponde aux critiques de Rousseau, rien de mieux : mais s'acharner contre sa personne, le calomnier, le dénoncer; tout faire pour lui fermer les portes de sa patrie et le laisser mourir en exil ; rien qu'à son nom, entrer en fureur ! Ainsi en agit Voltaire.

Lisez, Messieurs, les vers que voici :

Ce vieux rimeur, *couvert d'ignominies ;*
*Organe impur de tant de calomnies...*
*Ce vil Rufus, que jadis votre père,*
*A, par pitié, tiré de sa misère,*
Et qui, bientôt, *serpent envenimé,*
*Piqua le sein qui l'avait ranimé :*
Lui qui, *mêlant la rage à l'impudence,*
Devant Thémis, *accusa l'innocence,*
*L'affreux Rufus*, loin de cacher en paix (1).
DES JOURS TISSUS DE HONTE ET DE FORFAITS, *etc.*

Est-ce l'homme ou l'écrivain qu'on déchire ici?

Dans sa réponse, Rousseau le mit au défi de citer le nom d'un seul des bienfaiteurs insultés par lui ; et Voltaire se garda bien de relever le défi ; mais il continue de le déchirer, par l'injure et la calomnie : Un « misérable, » un « scélérat, » tels sont les noms qu'il donne à J.-B. Rousseau. Ce qu'il voudrait obtenir, avec l'aide de ses amis qu'il ameute, c'est que la Belgique ferme au malheureux exilé l'asile qu'elle lui donnait ; car, écrit-il, « c'est rendre service à tous « les honnêtes gens que de contribuer à la punition « d'un scélérat (2). »

Voltaire a pourtant le chagrin de voir que la Belgique ne *punit* pas le *scélérat*, ne le chasse pas de son sein : le bruit se répand au contraire que Rousseau, « le vieux serpent de Rousseau, » comme il dit

(1) *Œuvres complètes*, t. XIII, page 101.
(2) Au marquis d'Argens, 19 novembre 1736.

encore, va rentrer à Paris. Voltaire, au rapport de Mme du Châtelet, en tombe malade ! Rousseau rentre en effet à Paris, afin de négocier plus facilement, tout en se tenant caché à la police, sa réintégration dans sa patrie. Que fait Voltaire ? Il songe à le dénoncer ! « Peut-on, écrit-il à un avocat, DÉNONCER LE MISÉRABLE COMME N'AYANT PAS GARDÉ SON BAN (1) ? » Voilà Voltaire. Et voyez, Messieurs, jusqu'où allait chez lui la haine : au seul nom de Rousseau, il entrait dans un délire furieux : « C'est une chose terrible que le fanatisme de cet homme sur Rousseau, écrit Mme de Graffigny, une habituée de Cirey ; je sors d'une conversation terrible là-dessus... Il n'a rime ni raison, quand il en parle. Il serait homme à ne point pardonner à qui louerait Rousseau. » Après une lecture de son épître sur l'*Envie*, où Rousseau est déchiré : « C'est trop ! » s'était écriée Mme du Châtelet elle-même. « S'il était mort, répond Voltaire, je le ferais déterrer pour le pendre (2). »

Et après sa mort, il écrit ce mot où perce si bien sa haine : « Les honnêtes gens doivent être *affligés* que ce *coquin-là* ait fait de beaux vers (3). »

Quelle fut sa conduite avec La Baumelle ? Lorsque, grâce à ses actives démarches, cet adversaire est sous les verrous, quand le Parlement a fait mettre au pilon six cents exemplaires de la brochure où il critique *la Henriade*, Voltaire, le généreux Voltaire écrit :

(1) Première lettre de Clément de Dijon à Voltaire. Maynard. t. Ier, p. 327.

(2) *Vie privée de Voltaire*, page 113, etc.

(3) A l'abbé Raynal, 30 juillet 1749.

« Il est *très-bien* à la Bastille... c'était *un chien enragé* qu'on ne pouvait plus *laisser dans les rues*... HÉLAS ! IL N'A ÉTÉ PUNI QUE DE SIX MOIS DE CACHOT... Ses crimes, sous un ministère moins indulgent, l'auraient conduit au supplice (1). »

Voilà encore la tolérance de Voltaire !

Un écrivain, nommé Roy, s'égaye sur son compte, dans un *Discours prononcé à la porte de l'Académie ;* aussitôt Voltaire veut qu'on le dénonce : « Cet animal-là, écrit-il au lecteur de la reine, est un vilain gnôme ; vous devriez bien faire connaître à la reine ce *misérable* (2). »

Mêmes procédés, Messieurs, avec un autre de ses adversaires, Desfontaines : toujours Voltaire attaque l'homme, derrière l'écrivain ; et il l'attaque, non-seulement par l'injure, mais par la calomnie et par l'intolérance. Je ne parle plus de ses roueries et de ses mensonges : je vous l'ai dit assez, Messieurs Voltaire est l'homme qui a le plus outragé la parole, la vérité et la conscience humaines.

Voici donc encore un échantillon de la polémique de Voltaire :

Quel *monstre plus hideux* s'avance !
La nature fuit et s'offense
A l'aspect de *ce vieux Giton* ;
Il a la rage de Zoïle,
De Gâcon l'esprit et le style
Et l'*âme impure* de Chausson.

(1) A Mme de Lutzelbourg, 6 octobre 1756.
(2) A Montcrif, 16 juin.

C'est Desfontaines, c'est ce prêtre,
Venu de Sodome à Bicêtre,
De Bicêtre au sacré vallon... (1).

Quelles critiques de ses œuvres, Messieurs, autorisaient Voltaire à ramasser cette ignoble calomnie contre laquelle lui-même, à l'origine, et avant les critiques, bien modérées pourtant, de Desfontaines, il avait protesté ? Il est vrai, il persécutait alors, avec l'acharnement que vous avez vu, l'infortuné J.-B. Rousseau ; et Desfontaines ne rompait pas avec Rousseau. Ces attaques personnelles et calomnieuses reparaîtront dans l'épître sur l'*Envie* :

Cent fois plus malheureux et *plus infâme* encore
Est ce fripier d'écrits, *que l'intérêt dévore*,
Qui vend *au plus offrant* son encre et *ses fureurs*.
Méprisable en son goût, *détestable en ses mœurs*, etc.

Mais il préparait une autre vengeance contre Desfontaines, qui trouvait nouvelle matière à critique dans de nouveaux ouvrages de Voltaire : Vengeance atroce, car c'est toujours la calomnie ; je veux parler de l'infâme libelle, intitulé le *Préservatif ;* mais vengeance lâche, autant qu'atroce, car Voltaire avait si bien conscience de l'atrocité de ses procédés, que ses roueries pour se cacher, tout en frappant, sont ici prodigieuses ! Non-seulement il renie le livre, mais il veut que son complice, le chevalier de Mouhy, brûle ses lettres, et anéantisse tout ce qui pourrait prouver la part qui lui revient dans cet ouvrage, à lui Voltaire, le véritable auteur. Et cela pourquoi ? Afin de frapper sûrement dans l'ombre !...

(1) Ode sur l'Ingratitude.

Mais quand Desfontaines, poussé à bout, voudra opposer libelle à libelle, et au *Préservatif* la *Voltairomanie*, que demandera Voltaire ? Ce grand partisan de la liberté d'écrire pour lui-même, demandera qu'on brûle l'écrit de cet adversaire, constitué par lui cependant, si cela fût jamais, en état de légitime défense : « Ne pourrais-je point par le moyen de mes amis, conseillers au Parlement, demander *qu'on fasse brûler le libelle?* Le bâtonnier ne pourrait-il pas *le requérir* lui-même ! Il me semble qu'on pourrait, au nom du corps des avocats, *en requérir le châtiment comme d'un libelle scandaleux* (1) ? »

Ainsi, toujours la même tolérance, c'est-à-dire licence et impunité pour lui-même, châtiment pour les autres.

Ce fut bien pire encore avec Fréron. Plus en crédit alors, Voltaire remuera ciel et terre pour bâillonner ce critique, et briser la plume entre ses mains : et cette fois il réussit ; la mort de *l'illustre critique*, comme l'a nommé M. Charles Monselet, fut la suite de cette implacable persécution de Voltaire.

Ne dites pas, Messieurs, avec Voltaire, que Fréron le déchirait. Fréron répondrait : « On désirerait que M. de Voltaire mît plus de justesse dans ses expressions. Pour peu qu'on le *critique*, il dit qu'on le *déchire*. Eh ! qui doit savoir mieux que lui ce que c'est que *déchirer ?* Il n'est donc pas inutile de lui rappeler que *déchirer* quelqu'un, c'est attaquer sa naissance, ses mœurs, sa probité ; c'est forger, écrire, publier contre lui des calomnies et des libelles ; c'est mettre en œuvre

(1) Recueil de 1856, t. I, p. 3, 111.

tous les moyens imaginables, publier en secret pour lui ôter son honneur, sa réputation, son état ; en un mot, déchirer, c'est faire ce que M. de Voltaire se permet tous les jours pour se venger de ceux qui ne font que le *critiquer.* » Fréron, hélas ! ne le savait que trop (1).

Est-ce que Voltaire n'a pas sans cesse, et sans preuves, prétendu que Fréron avait pour père un orfèvre déloyal, auquel on avait dû enlever son brevet? Est-ce qu'il ne l'a pas, — répétant la chose, à satiété, — envoyé lui-même en des prisons où jamais il ne fut, et même aux galères? Est-ce qu'il n'a pas sans cesse demandé qu'on brisât sa plume? Est-ce que, à propos d'une simple critique de Fréron, il n'a pas écrit : « C'est un procédé que les magistrats devraient réprimer (2) ? » — « Pourquoi *permet-on* que ce coquin de Fréron succède à ce maraud de Desfontaines ? Pourquoi *souffrir* Raffiat après Cartouche? Est-ce que Bicêtre est plein (3) ? »

N'a-t-il pas demandé au lieutenant de police de supprimer le journal de Fréron ? N'a-t-il pas écrit à l'académicien Mairan, en le priant de parler au chancelier d'Aguesseau, que, même « s'ils se bornaient (Fréron et les collaborateurs de son journal) à *juger des ouvrages*, il FAUDRAIT LEUR INTERDIRE *une liberté* QU'ILS N'ONT PAS (4) ? »

Est-ce que le journal ne fut pas effectivement supprimé, à la requête de la nièce de Voltaire, poussée

(1) *Année littéraire*, 23 avril 1772.
(2) A Marmontel, 16 juin 1749.
(3) A d'Argental, 24 juin 1749.
(4) A Mairan, 22 mars 1750.

par son oncle (1), et Voltaire, qui était enfin parvenu à briser la plume de Fréron, n'a-t-il pas écrit, fidèle toujours à son double jeu, des lettres où il feint de s'apitoyer sur le sort du « malheureux, » à qui « on a ôté son gagne-pain ; » ajoutant ainsi à l'intolérance l'hypocrisie (2) ?

En voulez-vous d'autres encore ? Voltaire ayant appelé Calvin « une âme atroce, » et s'étant attiré par là une polémique contre quelques-uns de ses ouvrages, un libraire de Genève publia cette polémique, avec les ouvrages de Voltaire qu'elle attaquait, sous le titre de : *Guerre littéraire ou Choix de quelques pièces de M. de Voltaire*. Est-ce que Voltaire, alors en crédit, ne fit pas saisir à Genève la *Guerre littéraire* ? Et n'en poursuivit-il par aussi la suppression à Lausanne par une requête signée : *François de Voltaire, gentilhomme ordinaire du Roi, comte de Tournay* (3) ? Et, pour vous montrer encore ici, à côté du grand intolérant, le grand comédien, permettez, Messieurs, que je vous rappelle la lettre qu'il écrivit au savant Haller pour le gagner à sa cause ; lettre où il appelle le recueil qu'il veut faire supprimer *un libelle abominable contre les mœurs, contre la religion, contre la paix des particuliers, contre le bon ordre :* et ce recueil était composé en très-grande partie de ses propres ouvrages !

Mais j'ai mieux encore à vous montrer.

Il avait fait contre Fréron *le Pauvre diable*, où il le traitait ainsi :

(1) Le 15 avril 1752.
(2) A d'Argental, 22 juillet 1752.
(3) En date du 12 février 1755

Je m'accostai d'un homme à lourde mine,
Qui sur sa plume a fondé sa cuisine.
Grand écumeur des bourbiers d'Hélicon,
De Loyola chassé pour ses fredaines...

Ce dernier trait, pure calomnie, Messieurs,

Lâche zoïle, autrefois laid giton :
Cet animal se nommait Jean Fréron....

Et le reste, que vous savez. Il avait fait contre lui *l'Ecossaise*, tissu d'odieuses personnalités, portées par le puissant Voltaire sur le théâtre. Il préparait ses *Anecdotes*, désavouées par lui, bien entendu, et en quels termes : « Les *Anecdotes* sont quelque chose de si bas, de si misérable, de *si crasseux*, c'est un ramassis *si dégoûtant*, etc. » Ainsi Voltaire, pour échapper au châtiment qu'il appelait sur Fréron, parlait lui-même de son écrit contre Fréron. Et cependant il écrivait,avouant implicitement les *Anecdotes* ainsi notées par lui : « Je pense qu'il est aussi important pour tous les gens de lettres de faire connaître *ce lâche scélérat* qu'il l'était à tous les pères de famille de faire arrêter CARTOUCHE... LE MONSTRE sera reconnu, et je me charge, moi, de faire instruire tous ceux dont il a obtenu la protection... QUAND ON A DES ARMES POUR TUER UNE BÊTE PUANTE, il ne faut pas les laisser rouiller (1). » De plus, il préparait son *Capitolade*, où il tombe encore plus bas, s'il est possible, dans la satire ignoble; il préparait ce honteux chant de *la Puçelle* où Fréron est traité de galérien. Et Fréron, dans l'intervalle, ayant décoché quelques traits

(1) A Delembert, 16 juillet 1760.

contre lui, Voltaire remue tout, dénonce Fréron au lieutenant criminel, au lieutenant de police; s'écrie : « Si on ne punit pas ce Fréron, on est bien lâche (1). » « C'est une chose honteuse que M. de Malesherbes soutienne CE MONSTRE DE FRÉRON. » « On dit que Fréron est au Fort-l'Evêque; si cela est, *absolvit pœna Deos* (2). »

Et M. de Malesherbes n'épousant pas ses passions : « C'est une chose honteuse que M. de Malesherbes soutienne se monstre de Fréron : M. de Malesherbes avilit la littérature... C'est le dernier degré de l'opprobre. »

Et voici comment, dans la même lettre, ce tolérant personnage parle d'un autre magistrat, dont le réquisitoire lui avait déplu :

« Un impudent, un vil ennemi de la vertu et du sens commun, voilà ce qu'il faudrait faire assommer dans la cour du Palais par les laquais des philosophes. »

Quant à Fréron, ce qu'il voudrait, c'est qu'on lui donne « cent coups de bâton; car, dit-il « l'écraser est le plaisir (3). »

Bref, et sans entrer dans plus de détails, est-il vrai que Voltaire fit et fit faire des efforts prodigieux pour bâillonner Fréron? Est-il vrai qu'il y réussit? Oui, il obtint d'abord que la censure mutilât impitoyable-

(1) A Dalembert, 9 février 1761.
(2) A Damilaville, 27 février 1765.
(3) 15, 16 et 27 février 1761. C'est en même temps qu'il écrivait ceci : « Je ne m'en tiens pas là; je suis occupé à présent à procurer à un prêtre un emploi dans les galères, si je peux faire pendre un prédicant huguenot.

*Sublimi feriam sidera vertice* (4 janvier 1761).

ment les feuilles de Fréron : il en obtint enfin la suppression définitive, coup qui ruinait et qui tua le malheureux critique. Tout cela est vrai, Messieurs, vous ne pouvez le nier : mais alors pouvez-vous ne pas appeler avec moi Voltaire un grand comédien de tolérance ?

Ah ! il était bien de ceux que Palissot désignait dans ces vers :

Prêchant la tolérance et très-intolérants.

Et encore :

De quiconque les flatte, orgueilleux protecteurs,
De quiconque les brave, ardents persécuteurs.

Peut-être approuverez-vous, Messieurs, ce que je vais maintenant vous citer ; je ne le crois pas cependant ; je crois que vous voulez la liberté pour les autres comme pour vous-mêmes. Mais, si je me trompe, permettez-moi de vous le dire, nous n'avez plus le droit de parler tolérance. Car, ne vous en déplaise, un janséniste, et même un protestant, et même un jésuite, ont le droit de fouler librement, comme vous et moi, le sol de la patrie. Ainsi ne l'entendait pas la tolérance de Voltaire. Je ne mourrais content, disait-il, que si « on envoyait chaque jésuite au fond de la mer avec un janséniste au cou. » Mais, ajoutait-il : « Que servirait d'avoir chassé les jésuites, si on N'EXTERMINAIT tous les moines ? »

Il y a des gens, je ne l'ignore pas, à qui ces paroles, et tant d'autres du même goût, paraîtront plaisantes ; moi je les déclare atroces. Et vous, Messieurs ? Si telle est aussi votre pensée, soit ; mais ne parlez plus de tolérance ! Et quand l'homme qui a écrit cette indignité et tant d'autres est celui qui a écrit sur ces mêmes jésuites les flagorneries que vous savez, encore une fois, Messieurs, que penser d'un tel homme, de sa parole, de son âme et de ceux qui le glorifient ? Toujours le mot de Sainte-Beuvé : comédien, grand comédien.

J'ai ajouté, Messieurs, que sa philanthropie égalait sa tolérance.

Qui d'entre vous, s'il avait eu le malheur de faire la traite des nègres, aurait l'audace de vanter sa philanthropie? Eh bien ! Voltaire, qui voulait à tout prix, par tous les moyens, faire fortune, Voltaire a été négrier ; oui, et il s'en est félicité ; et, selon son habitude de tourner tout en sophisme, il a prétendu justifier, par le sophisme antique sur l'esclavage, cet abominable trafic : « Je me félicite avec vous, écrivait-il à un ami, de *l'heureux succès* du navire le *Congo*, arrivé si à propos sur la côte d'Afrique pour soustraire à la mort tant de malheureux nègres... Je me réjouis d'avoir fait UNE BONNE AFFAIRE en même temps qu'une BONNE ACTION (1). » Vous le voyez, Messieurs, il avoue le fait, et le justifie ; et dans son *Essai sur les mœurs*, il reprend plus expressément encore cette thèse : « On nous reproche le commerce des noirs... CE NÉGOCE DÉMONTRE NOTRE SUPÉRIORITÉ. Celui qui se donne un maître ÉTAIT NÉ POUR EN AVOIR (2). » Je n'insiste pas, Messieurs ; mais alors, quand vous entendez Voltaire

(1) César Cantù, *Histoire universelle*, t. XIII, p. 148.
(2) *Essai sur les mœurs*. t. V. p. 339.

enrichi et millionnaire, vanter à grands fracas sa philanthropie, n'oubliez donc pas le négrier.

Mais j'ai hâte d'arriver à la Pologne.

Considérez-vous, Messieurs, oui ou non, le démembrement de la Pologne comme un crime? Eh bien, ce crime, Voltaire le vit de près, d'aussi près que possible : sans doute que ce grand ami des hommes, s'il ne joue pas un rôle quand il parle de philanthropie, va pousser ici des cris indignés. Non, Messieurs : les deux potentats meurtriers de la Pologne, il avait mis *son âme à leurs pieds*. Il eût fallu opter entre la courtisanerie et l'humanité; Voltaire, à l'apogée de sa gloire et de son influence; Voltaire, riche et indépendant dans sa terre de Ferney; Voltaire, qui pouvait élever alors une voix plus écoutée que jamais, Voltaire n'hésitera pas : il applaudira; il battra des mains au meurtre de la Pologne.

Est-ce vrai, cela? N'avons-nous pas la série de ses lettres innombrables à Frédéric et à Catherine, où son enthousiasme pour leur exécrable politique éclate sous toutes les formes, et pendant la lutte, et après la lutte, et toujours?

« On prétend que c'est vous, sire, qui avez imaginé le partage de la Pologne, et je le crois, parce QU'IL Y A LA DU GÉNIE (1). »

« Sire, permettez-moi de dire à Votre Majesté que vous êtes comme un certain personnage de La Fontaine :

Droit au solide allait Bartholomée.

« Ce *solide* accompagne merveilleusement la *véri-*

(1) 18 novembre 1772.

*table gloire*. Vous faites un royaume florissant et puissant de ce qui n'était, sous le roi votre grand-père, qu'un royaume de vanité; vous avez connu et saisi *le vrai* en tout, aussi êtes-vous unique en tout genre ; ce que vous faites actuellement vaut bien votre poëme sur les confédérés. *Il est plaisant de* DÉTRUIRE *les gens et de les chanter* (1). »

Ainsi donc, pour Voltaire, la destruction de la Pologne, c'est du *solide*, de la *véritable gloire*, du *génie* (2).

Et que vous dire de tout son abominable *Discours aux confédérés de Pologne :* « Vous vous plaignez, leur dit-il, que l'impératrice ait envoyé trente mille hommes dans votre pays. Vous demandez de quel droit. Je vous réponds que c'est du droit de l'amitié, du droit de l'estime, du droit de FAIRE DU BIEN quand on le peut (3).

Oui, Catherine, « sa grande souveraine du Nord, » si elle envoie *quarante mille Russes en Pologne*, cette impératrice *tolérante bienfaitrice et protectrice du genre humain* (4), c'est, — ne croyez pas que j'invente, Messieurs, — c'est, dit Voltaire, pour y établir, *la tolérance!* Et il veut qu'on en rende *grâces à Dieu*. A ses yeux, c'est la rentrée *du genre humain dans ses droits*, la *victoire de l'esprit pacificateur sur l'esprit persécuteur*.

« ..... Vos soins *généreux* pour établir *la liberté de conscience* en Pologne, lui écrit-il, sont UN BIENFAIT QUE LE GENRE HUMAIN DOIT CÉLÉBRER (5). »

(1) 31 juillet 1772.
(2) 16 octobre 1772.
(3) *OEuvres*, t. LXIV, p. 152.
(4) *Discours aux confédérés*.
(5) A Catherine, 22 décembre 1766; 22 février 1767; 10 août 1773. — A Damilaville, 23 mai 1767, etc., etc.

Ah ! Messieurs, quand on sait comment depuis, et plus d'une fois, la Russie a *pacifié* la Pologne, et quelle *tolérance* elle y a établie, cet enthousiasme de Voltaire ne prête pas à rire, quelque forme grotesque qu'il revête d'ailleurs, comme dans cette célèbre lettre, que je vous ai déjà citée, où il félicite ainsi Catherine de ses victoires sur les Turcs alliés des Polonais :

« La lettre dont Votre Majesté impériale m'honore me fait sauter hors de mon lit en criant : *Allah Catharina!...* Que Votre Majesté impériale pardonne au désordre de MA JOIE (2)... »

Et ailleurs : « Les glaces de mon âge me laissent encore quelque feu ; il s'allume POUR VOTRE CAUSE... Je suis *Catherin;* et je mourrai *Catherin ;* MON AME EST AUX PIEDS de votre Majesté (2). »

Je l'y laisse volontiers, Messieurs ; car je pourrais puiser encore à pleines mains dans les quatre-vingt-une lettres qui nous restent du vieillard de Ferney à Catherine; et vous citer des paroles telles que celles-ci : « J'emporterai avec moi LA CONSOLATION de vous avoir vue souveraine des deux bords de la mer Noire et de ceux de la mer Egée (1). »

Mais c'est assez, Messieurs ; et quiconque porte un cœur d'homme dans sa poitrine le dira avec moi : Voltaire a mis aux pieds de Catherine et de Frédéric non pas seulement *son âme,* comme il dit, mais sa patrie, mais l'humanité !

(1) 15 novembre 1768 ; 27 mai, 2 novembre 1769, etc., etc.
(2) 14 et 21 septembre 1770.
(3) 7 août 1771.

Le voilà donc, Messieurs, le voilà, Voltaire, le vrai Voltaire ; l'autre, le personnage qui pose, qui porte un masque et joue un rôle, je vous l'abandonne.

Sur le piédestal de la statue que vous voulez lui ériger, je vous propose de faire graver ces mots ;

A VOLTAIRE,
LA POLOGNE RECONNAISSANTE !

Non, non, non, Messieurs : le sang de la Pologne est sur cet homme, et vous ne l'en laverez pas.

Permettez encore, cependant, que je vous recommande un excellent petit livre, œuvre d'un avocat de Paris : *Voltaire et la Pologne.* L'auteur a étudié à fond la conduite de Voltaire dans cette horrible affaire de la Pologne, et il conclut par des paroles, que je vous prie de méditer :

« Connaissez-vous, demande-t-il, — et je vous pose à vous, Messieurs, les mêmes questions, — connaissez-vous un crime plus grand que de tuer un homme doux et généreux, pour avoir sa fortune ?

« — Oui ; c'est celui de tuer un peuple, doux et généreux comme cet homme, et de se réunir à trois pour partager ses dépouilles. »

Voilà le crime de Frédéric et de Catherine.

« Connaissez-vous un crime plus grand ?

« — Oui ; c'est celui d'applaudir, aux meurtriers de ce peuple, et de bénir, au nom de la philosophie, ce qu'il faudrait maudire.

Voilà le crime de Voltaire.

« Connaissez-vous un crime plus grand?

« — Oui ; c'est celui de mentir à l'infortune par une

pitié feinte, et avec des larmes dans les yeux, d'exploiter l'humanité comme une marchandise.

« Connaissez-vous un crime plus grand?

« Non! »

L'auteur de *Voltaire et la Pologne* ajoute :

« Soyez impie, je vous plains.

« Soyez un méchant citoyen, une âme vile et basse, un ennemi des peuples opprimés, un lâche courtisan des despotes, un comédien d'humanité, et avec cela, homme d'esprit : vous me faites horreur! »

Veuillez agréer, etc.

---

# DIXIÈME ET DERNIÈRE LETTRE

## VOLTAIRE INSULTEUR DU CHRISTIANISME

Messieurs,

Il faut en finir. J'aborde maintenant, et pour terminer, ce qu'il y a, chez Voltaire, de plus grave avec l'immoralité; ce qui surtout aurait dû vous arrêter : mais tout au contraire, je le crains, c'est cela même qui vous exalte; et c'est aussi ce qui donne à la manifestation, telle que vous l'avez conçue, si elle a lieu, un caractère antichrétien et provocateur indéniable; c'est ce qui en fait le plus sanglant outrage à la Religion, à la foi de vos concitoyens, à ce qu'ils respectent le plus sur la terre et qu'ils ont le droit, même légal, de voir respecter. Je veux parler de la guerre acharnée que Voltaire a faite, toute sa vie, au Christianisme, et des prodigieuses insultes dont il l'a poursuivi; guerre que pour votre compte, Messieurs, vous reprenez, vous renouvelez, et dont votre Centenaire serait une des explosions les plus odieuses.

Mais d'abord, je dois le dire, j'ai lu attentivement ce qui a été écrit contre ces *Lettres* par les différentes feuilles qui patronnent le Centenaire, décidé à y faire droit, s'il y avait lieu ; je suis obligé de déclarer que de *réponse* il ne m'en a été fait aucune ; on n'a rien discuté, rien contesté, absolument rien ; en sorte que tout ce que j'ai établi contre Voltaire demeure : L'INSULTEUR DU PEUPLE, LE COURTISAN, L'AGIOTEUR, L'INSULTEUR DE LA FRANCE ET DE L'ARMÉE, L'INSULTEUR DE JEANNE D'ARC, L'INSULTEUR DE LA POLOGNE, L'HOMME ROMPU A MENTIR, L'HOMME SANS FOI NI LOI de M. Sainte-Beuve, LE LIBERTIN EFFRONTÉ, L'ÉCRIVAIN CORROMPU ET CORRUPTEUR ; du reste, *grand comédien de tolérance :* le voilà ! Cela ne se pouvant nier et demeurant acquis, je poursuis, et j'affirme maintenant ceci : que le Centenaire a le caractère manifeste d'un outrage public à la Religion du pays, d'une provocation intolérable. Voilà ce que j'espère mettre, pour toute bonne foi, dans la lumière du jour.

Soyez sincères, Messieurs, comme nous le sommes.

Si Voltaire n'était qu'un grand écrivain plus ou moins renommé, des hommages à Voltaire ne pourraient nous offenser : encore ne faudrait-il pas se jeter dans les excès. Racine est un aussi grand poëte que Voltaire, assurément ; Corneille et Molière aussi. Bossuet, Pascal, Montesquieu, d'aussi grands prosateurs, je pense.

Imagineriez-vous pour aucun de ces grands génies français les démonstrations extraordinaires que vous préparez à Voltaire ?

Non ; et l'aveu en a été fait :

« Le Centenaire de Voltaire littérateur n'aurait rien « signifié du tout. Le Centenaire de celui qui a dit : « ÉCRASONS L'INFAME ! » aura, au contraire, UNE ÉCLA- « TANTE SIGNIFICATION (1). »

Ainsi, le grand ennemi, le grand insulteur du Christianisme : voilà celui que vous avez voulu célébrer, exalter ; ceci ressort, Messieurs, des déclarations officielles du comité, non moins que des déclarations formelles des plus bruyants adhérents au Centenaire ; les journaux les plus répandus dans les masses, tels que les *Droits de l'homme*, le *Réveil*, ainsi que les organes de la Franc-Maçonnerie qui ont, à votre exemple, adhéré au comité, n'ont pas parlé autrement; cela surtout ressort du détestable volume que l'on vient de publier, et dans lequel le comité a condensé toutes les plus grandes horreurs vomies par Voltaire contre le Christianisme, contre l'Evangile, contre la personne même de Jésus-Christ : le Voltaire de ce volume, voilà bien le Voltaire que vous célébrez ; ceci ne se peut nier, Messieurs ; et voilà, je le répète, ce qui donne à votre Centenaire et à ce volume son éclatante mais intolérable signification ; voilà ce qui constitue l'outrage public, inouï, que vous prétendez infliger à tout ce qu'il y a de chrétiens en France.

Mais il y a une chose, Messieurs, que je tiens préalablement à rappeler : c'est que Voltaire n'est pas sorti du Christianisme par la science ; il a puisé son impiété là où il avait puisé son immoralité : dans ces petits soupers de la Régence, avec ces grands seigneurs roués et libertins, qu'il surpassa. Voilà où Voltaire a

(1) *Bien Public*, 11 avril 1878.

laissé sa foi, avec ses mœurs. Et je le rappelle pour montrer quelle peut être l'autorité morale et philosophique d'une apostasie qui eut une telle origine.

Je n'entends pas d'ailleurs réfuter ici Voltaire : la science s'en est chargée, il y a longtemps; sa polémique est jugée; c'est fini. L'apologétique n'en est plus là. Pas un érudit, pas un critique, pas un exégète, pas un philologue, pas un historien, pas un philosophe pour qui il soit une autorité. Les juges compétents vous l'ont dit : il ne compte plus. Son rire seul est encore mortel ; mais on ne discute plus sérieusement aujourd'hui avec Voltaire.

Dans le dessein que je me proposais, et l'honneur que je voulais avoir de vous écrire, je me suis condamné à lire ses œuvres contre la religion : J'ai été stupéfait de n'y rencontrer que « d'hypocrites protestations, » et ce que M. Renan a si bien appelé *l'exégèse de la polissonnerie* (1).

Et maintenant, la preuve du fait que je dois établir, à savoir la guerre acharnée déclarée par Voltaire à

(1) « Voltaire n'est pas plus un *savant* et un *critique* qu'un *phi-* « *losophe* et un *artiste*. Dans l'ordre de la pensée, il a *peu de chose* » *à nous apprendre ;* il n'était pas dans la tradition de *la grande* « *culture ;* il n'est sorti de lui aucune série vraiment sérieuse de « recherches et de travaux. Je vois bien ce qui est sorti de Des- « cartes ; je ne vois pas ce qui est sorti de Voltaire. Voltaire « *n'entend rien* à la haute antiquité. Voltaire *ne comprenait* ni la « Bible, ni Homère, ni l'art grec, ni les religions antiques, ni le « christianisme, ni le moyen âge. *Le succès de Voltaire tua l'érudi-* « *tion en France.* » Qui juge ainsi Voltaire ? M. Renan. Et quant aux indignités contre les Livres saints entassées dans votre volume, Messieurs, Benjamin Constant vous a dit que « pour en rire, il faut posséder deux qualités fort tristes, » que beaucoup de vos souscripteurs possèdent, « *une grande ignorance et une grande légèreté.* » Et M. Renan les a jugées d'un mot : l'EXÉGÈSE DE LA POLISSONNERIE. — *Revue des Deux Mondes.*

Jésus-Christ, n'est pas difficile à faire : cette preuve est toute faite dans ses œuvres. Il a inondé, et qui l'ignore? la France et l'Europe d'affreux libelles, où LA RELIGION CHRÉTIENNE, son histoire, ses dogmes, la Bible, l'Evangile, JÉSUS-CHRIST lui-même, sont indignement outragés, moqués, bafoués. Mais il faut voir à quel degré il a fait cela ; car c'est là précisément ce qui donne la mesure de l'outrage que vous faites vous-mêmes à la Religion de votre pays par les proportions inouïes que vous avez prétendu donner à votre centenaire, et par la réimpression, à des centaines de mille d'exemplaires, de tout ce qu'il a écrit de plus outrageant contre la religion.

Voici ce que Voltaire, à vingt-huit ans, disait de Jésus-Christ, dans un de ses premiers ouvrages :

Il est un peuple obscur, imbécile, volage.
. . . . . . . . . . . . . . . . .
Le fils de Dieu. . . . . . . . . . .
Se fait concitoyen de ce peuple odieux.
Longtemps, VIL OUVRIER, *le rabot à la main,*
Ses beaux jours sont *perdus dans ce* LACHE EXERCICE.

Remarquons en passant le mépris du peuple, en même temps que l'outrage à Jésus-Christ : « le vil ouvrier, » le vil rabot « le travail, ce lâche exercice. »

Blasphémant la Croix, la Rédemption, le Christianisme tout entier, Voltaire ajoute :

Le fils d'un charpentier enfanté par Marie,
Expira sur LA CROIX.
Je ne reconnais point à CETTE INDIGNE IMAGE
Le Dieu que je dois adorer.

Je croirais le DÉSHONORER
Par une telle *insulte* et par un tel *hommage* (1).

Il se fait tout d'abord l'ennemi personnel du Rédempteur; et c'est lui-même qu'il poursuivra, jusqu'à la fin, de ses abominables outrages. Lisez ce qui suit, Messieurs :

« Il y eut toujours chez les Juifs des gens de *la lie du peuple* qui firent les prophètes, *pour se distinguer de la populace :* VOICI CELUI qui a fait le plus de bruit, et DONT ON A FAIT UN DIEU (2). »

« Nos déichristicoles, à qui attribuent-ils la divinité? A UN HOMME DE NÉANT, VIL et MÉPRISABLE, qui n'avait NI TALENT, NI SCIENCE, NI ADRESSE, né de pauvres parents, et qui, depuis qu'il a VOULU PARAITRE DANS LE MONDE et FAIRE PARLER DE LUI, n'a passé que pour UN INSENSÉ et pour UN SÉDUCTEUR, qui a été méprisé, fouetté, et enfin qui a été pendu *comme la plupart de ceux qui ont voulu* JOUER LE MÊME RÔLE, quand ils ont été *sans courage et sans habileté* (3). »

« Du moins, dit-il ailleurs, Mahomet a écrit et combattu, et Jésus-Christ n'a su ni écrire ni se défendre. Mahomet avait le courage d'Alexandre avec l'esprit de Numa; et votre Jésus sue sang et eau, dès qu'il a été condamné par ses juges. »

Ailleurs, il ose écrire de l'Evangile :

« Il est difficile de dire quel est le plus ridicule de tous ces prétendus miracles évangéliques ; » « il n'y a rien dans *Don Quichotte* qui approche de ces extravagances (4). »

(1) Epître à Uranie.
(2) T. IV, p. 621.
(3) T. IV, p. 454.
(4) *Edition du Centenaire*, p. 905.

« Tous ces miracles semblent faits par nos charlatans. »

« Les fables d'Esope sont certainement beaucoup plus *instructives* que ne le sont toutes CES GROSSIÈRES ET BASSES PARABOLES QUI SONT RAPPORTÉES DANS LES ÉVANGILES (1). »

« Dans les Evangiles, autant de mots, autant d'erreurs (2). »

Aussi, ailleurs, les compare-t-il « aux métamorphoses d'Ovide (3). »

Nos livres saints sont « *des livres remplis de contradictions*, de DÉMENCE et d'HORREURS. »

« *Les contes des sorciers* n'approchent pas de *ces impertinences*. »

Les chrétiens, selon lui, soutiennent « *des mensonges par des mensonges* (4). »

Les livres de la Bible sont « des livres sans raison et sans pudeur, des monuments de la folie la plus outrée et de la plus infâme débauche ; » « des rêveries dégoûtantes. »

Bref : « Les christicoles disent des choses *beaucoup plus ridicules et plus absurdes* que les païens. »

« Le christianisme est né dans la fange. Tel que Rome l'a fait, c'est un christianisme *absurde et barbare qui avilit l'âme* (5). »

C'est pourquoi, selon Voltaire, la religion chré-

(1) T. IV, p. 412
(2) *Edition du Centenaire*, p. 917.
(3) *Ibid.*, p. 913.
(4) T. XLVI, p. 623, 628.
(5) T. XLVI, p. 215.

tienne est « un arbre qui n'a porté jusqu'ici que des fruits de mort (1). »

La RELIGION CHRÉTIENNE est tout à la fois *un filet* et *un poignard*; « *un filet* dans lequel *les fripons* ont enveloppé *les sots* pendant plus de dix-sept siècles, et *un poignard* dont les fanatiques ont égorgé leurs frères pendant plus de quatorze (2). »

« Notre RELIGION est sans contredit la plus *ridicule*, la plus *absurde*, et la plus *sanguinaire* qui ait jamais infecté le monde. »

« LA DOCTRINE CHRÉTIENNE est le comble de l'absurdité (3). » Elle est « farcie de dogmes absurdes (4), » « de fables insipides et de miracles impertinents (5). »

Il parle ailleurs des *inconcevables rages* de la religion et de ses *horribles impostures*.

Il ne voit dans nos prophètes que « de longs et énormes galimatias (6). »

Il veut que les chrétiens *rougissent* surtout des prophéties insérées dans leurs Evangiles. Est-il possible, s'écrie-t-il qu'il y ait encore des hommes assez *imbéciles* et assez *lâches* pour n'être pas *saisis d'indignation* quand Jésus prédit dans Luc (7). »

Selon lui, « les QUATRE PREMIERS SIÈCLES du christianisme n'offrent qu'une suite continuelle de *faussaires* qui n'ont guère écrit que *des œuvres de mensonge* (8). »

(1) *Edition du Centenaire*, p. 270
(2) *Ibid.*, p. 96.
(3) *Ibid.*, p. 458.
(4) *Ibid.*, p. 903.
(5) *Ibid.*, p. 904.
(6) *Ibid.*, p. 901.
(7) *Ibid.*, p. 859.
(8) T. XLVI, p. 228.

« Jésus est évidemment un paysan grossier de la Judée, plus éveillé que les autres. »

Je trouve enfin sous sa plume une horreur qui n'avait jamais été dite, et qui ne pouvait l'être que par le plus impudent impie, que si cet impie était de plus le plus impudent libertin : qui a osé écrire cela :

JÉSUS ALLAIT SOUPER CHEZ DES FILLES (1)

Si ce qu'on vient de lire n'est pas l'outrage, et au sens même de nos lois, alors qu'est-ce donc que l'outrage ?

Je demande pardon de remuer toutes ces horreurs; mais j'y suis condamné; car il faut que je fasse ma démonstration si éclatante, qu'il soit impossible, même à la mauvaise foi, même à l'impudeur de la récuser.

On exalte l'*œuvre* de Voltaire : cette *œuvre*, je suis bien condamné à la définir, à la caractériser, à la démontrer; ayons donc le courage de poursuivre.

Dans une autre diatribe, Voltaire ose donner cette inimaginable explication historique et philosophique de l'établissement de la religion, ou plutôt, comme il dit, de la secte chrétienne dans le monde :

« Communauté de biens, repas secrets, mystères cachés, Evangiles lus aux seuls initiés, paradis aux pauvres, enfer aux riches : voilà, *dans l'exacte vérité*, LES PREMIERS FONDEMENTS de la secte chrétienne (2). »

(1) *Edition du Centenaire*.
(2) T. VII, p. 172.

*Les Actes des apôtres* et de saint Paul, cette admirable histoire des origines du christianisme, « il n'y a jamais eu, selon Voltaire, de légende plus *folle*, plus *fanatique*, plus *dégoûtante*, plus *digne d'horreur et de mépris* (1). »

Les livres saints sont « le plus détestable ramas de fables que la folie humaine ait jamais accumulées (2). »

Bref, « tout ce qu'on nous conte de Jésus est digne de Bedlam (d'une maison de fous) (3). »

« Les chrétiens, de dupes, devinrent FRIPONS, ils devinrent FAUSSAIRES, et se défendirent par les plus indignes fraudes (4). »

Encore une fois, si ce n'est pas là, au sens même de nos lois, l'outrage, qu'est-ce que c'est?

Et maintenant, Messieurs, voici les questions que je vous pose : Le comité auquel vous avez voté dix mille francs n'a-t-il pas annoncé officiellement que ces dix mille francs seraient employés à la publication d'un livre qui serait le MONUMENT DU CENTENAIRE; qu'on ferait pour ce livre une propagande immense; qu'on le répandrait *dans toutes les villes, toutes les bourgades*, toutes les chaumières?

Cela est vrai, n'est-ce pas? Et maintenant, ce volume, ce *monument du centenaire*, oui ou non, donne-t-il la *signification*, le *caractère* du centenaire? Répondez. Vous ne nierez pas cela ! Vous ne pouvez pas nier cela! Il est bien clair comme le jour que *le monument*

(1) *Edition du Centenaire*, p. 912.
(2) *Ibid.*, p. 836.
(3) *Ibid.*, p. 914.
(4) *Ibid.*, p. 864.

*du centenaire*, comme dit le comité, caractérise le Centenaire :

Et d'ailleurs, si vous contestiez, je vous citerais la déclaration suivante, que je lis ce soir même dans le *Bien Public :*

« C'est le volume qui exprime LA VRAIE SIGNIFICATION du Centenaire. »

Est-ce clair, cela?

Eh bien, Messieurs, ces horreurs, en grande partie, et bien d'autres, analogues, ou pires encore, que je ne cite pas, sont dans ce volume! Ces monstruosités sur Jésus-Christ, sur l'Evangile, et sur les chrétiens :

Que Jésus-Christ n'est qu'un *vil ouvrier*, ayant *perdu ses jours dans le lâche exercice* du travail; un homme de *la lie du peuple, un homme de néant, vil et méprisable, un insensé, un séducteur;* un *grossier paysan;* qu'il *soupait chez des filles!!* que tout ce qu'on nous en conte est *digne d'une maison de fous;*

Que nos livres saints sont des livres *sans raison* et *sans pudeur;* des monuments de la *plus honteuse folie* et de la *plus infâme débauche;* des livres remplis de *contradictions*, de *démence* et *d'horreurs;*

Que les *contes des sorciers* et de *Don-Quichotte* n'approchent pas de ces *extravagances;* de cette légende *folle, dégoûtante, digne d'horreur et de mépris;* de ce *détestable amas de fables* accumulées par la *folie humaine;*

Que les chrétiens sont des *dupes*, des *fripons*, des *faussaires*, des *imbéciles* et des *lâches;* le christianisme un *filet* et un *poignard;* qu'il n'a porté que des *fruits de mort*, etc., etc.

Cela, ou des indignités du même genre, voilà ce que, dans votre volume, vous voulez porter à tous les foyers populaires. « Voilà, dit le *Bien Public*, ce qu'il faut faire *pénétrer partout*, et *surtout au fond des campagnes*; voilà ce qu'il faut OPPOSER AU CATÉCHISME. »

Le Centenaire donc signifie cela, cette propagande, cette guerre acharnée.

Et vous oseriez soutenir que cette *fête nationale*, comme vous ne craignez pas de l'appeler, n'est pas une manifestation contre la religion de vos concitoyens, une provocation et un outrage! Allons, Messieurs, soyez sincères, et n'essayez pas de nier l'évidence. On ne vous croirait pas, et on vous prendrait en pitié.

Ainsi donc, toutes ces indignités, ces impiétés, qui étaient jusqu'ici perdues dans les 70 volumes dont se composent les *Œuvres* de Voltaire, vous les avez réunies, rapprochées, condensées; vous avez accumulé, dans un seul volume, toute la quintessence pour ainsi dire de ce poison; vous en avez fait le livre le plus impie, le plus rempli d'outrages sans nom à la religion, à Jésus-Christ, à l'Évangile, qui fut jamais : et vous déclarez aujourd'hui encore que vous le porterez jusque dans chaque village, dans chaque famille, pour y détruire, si vous le pouvez, la religion; pour en chasser, osez-vous dire, le catéchisme! Si ce n'est pas là la guerre, qu'est-ce que c'est? Et si ce n'est pas là ce que nos lois appellent l'outrage à la religion, je ne sais plus de quoi parlent nos lois.

Oui, Messieurs, vous avez marché audacieusement sur les lois de votre pays.

Mais poursuivons, si vous le voulez bien, la démonstration.

Voltaire, Messieurs, tire la conséquence, et il demande formellement qu'on en finisse avec le christianisme ; et je lis, au milieu d'un torrent d'ignorances et d'outrages à la Bible et à l'Evangile, ces paroles :

« Nos pères ont secoué une partie de ce JOUG AFFREUX ; mais tout nous dit qu'il est temps d'achever et de détruire DE FOND EN COMBLE L'IDOLE. »

Et ailleurs :

« Il faut COUPER PAR LA RACINE un arbre (la religion chrétienne) qui a toujours porté des poisons (1). »

Et cela encore, Messieurs, est dans ce livre, dans ce *Monument du centenaire*, pour lequel vous avez donné notre argent. Et ce livre n'est pas une insulte à la religion, et votre Centenaire n'est pas une déclaration de guerre au christianisme !

Telle est donc bien, en effet, l'*œuvre* impie, mais l'œuvre de prédilection de Voltaire : *détruire le christianisme*. De là ce cri de guerre poussé par lui, et avec quelle rage, tous les jours, pendant vingt ans, et sur le sens duquel, nous venons de le voir, il n'y a pas à se méprendre : *Ecrasons l'infâme!* c'est-à-dire la religion chrétienne, l'Evangile, Jésus-Christ : ameutant pour cette *œuvre* tous les frères et amis. Avec quelle rage, dis-je, tout à la fois forcenée et hypocrite !

« Au milieu de toute votre gaieté, tâchez toujours D'ÉCRASER L'INFAME. »

(1) *Edition du Centenaire*, p. 866.

« Notre principale occupation dans cette vie doit être de combattre le monstre. *Je ne vous demande que cinq ou six bons mots par jour, cela suffit,* il n'en relèvera pas. »

« Que les philosophes véritables se fassent une confrérie comme les francs-maçons, qu'ils s'assemblent, qu'ils se soutiennent, qu'*ils soient fidèles à la confrérie.* Cette Académie secrète vaudrait mieux que toutes celles de Paris... Le premier des devoirs est D'ANÉANTIR L'INF..... (1). »

« Que faites-vous à présent? Travaillez-vous en géométrie, en histoire, en littérature? QUOI QUE VOUS FASSIEZ, ÉCRASEZ L'INFAME. »

« Si vous pouvez, ÉCRASEZ L'INFAME. »

Et il s'indigne à la pensée que les philosophes ne pourraient pas détruire ce que « douze faquins, » dit-il, ont pu fonder.

« Je voudrais que vous ÉCRASASSIEZ L'INF..., c'est là le grand point (2). »

« Engagez tous mes frères à POURSUIVRE L'INFAME, de vive voix et par écrit, SANS LUI DONNER UN MOMENT DE RELACHE. »

« Votre ami le roi de Prusse, à qui j'ai été obligé d'écrire, m'a félicité d'être toujours occupé A ÉCRASER L'INF..... Hélas! je ne l'écrase pas, mais vous la percez de cent petits traits, dont elle ne se relèvera jamais chez les honnêtes gens. »

(1) Lettres des 30 janvier 1764 et 20 avril 1761.

(2) A Dalembert, 23 juin 1760; à Damilaville, 14 février 1762; au même, 3 novembre 1762; à Dalembert, 13 février 1764; à Damilaville, 7 janvier 1764; au même, 26 février 1764 et 15 décembre 1764, etc.

« POURSUIVEZ L'INFAME ; je ne *fais point de traité avec elle.* »

« Travaillez donc à la vigne, et ÉCRASEZ L'INF... »

« ECRASEZ L'INF... vous dis-je... »

« Ce qui me touche le plus, c'est le beau projet que Dieu a inspiré à vous et à vos frères ; et ce beau projet est : ECRASONS L'INFAME. »

« Je suis possesseur de soixante et dix ans. *Je souhaite vivre encore quelques années* pour aider à ÉCRASER L'INFAME. »

« Mourrai-je sans avoir vu les derniers coups portés à l'hydre abominable qui empeste et qui tue?... ECRASONS L'INFAME. »

« M. d'Argental doit recevoir dans peu de jours deux paquets de mort aux rats qui pourront au moins donner la colique à L'INFAME (c'étaient les libelles que Voltaire répandait contre la religion). Il doit partager la drogue avec vous..... Adieu, mon cher frère ; vous êtes un homme selon mon cœur ; votre zèle est égal à votre raison ; je hais les tièdes. ECRASONS L'INFAME, ÉCRASONS L'INFAME, vous dis-je (1). »

Voilà bien la rage et la frénésie!... Et voici l'hypocrisie et la ruse :

« *Macte animo*, et passez joyeusement votre vie à écraser de votre main les têtes de l'hydre, sans qu'elle puisse, en expirant, NOMMER CELUI QUI L'ASSOMME : ÉCRASEZ L'INF..... »

Plus fait douceur que violence.

« A l'égard DE L'INFAME, si les dégoûts qu'on lui

(1) A. Damilaville, 15 mars 1765.

donne se continuent, il ne sera pas nécessaire de lui arracher le masque, il tombera de lui-même; en tout cas, je crois trop dangereux de l'arracher, mais très-bien fait de le décoller peu à peu. »

« Fournissez-nous souvent de ces petits STYLETS MORTELS, à poignée d'or enrichis de pierreries; L'INF... sera percée par les plus belles armes du monde. »

Parlant d'Helvétius à Dalembert : « Est-ce qu'il ne savait pas qu'on peut mettre L'INFAME en pièces, sans graver son nom sur le poignard dont on la tue (1)? »

Oui, mais pas n'est besoin pour nous que ce nom soit gravé sur le poignard. Il est à toutes les pages des œuvres où Voltaire attaque tout de Jésus-Christ : sa divinité, sa religion; toute l'histoire de cette religion, toutes ses preuves, tous ses dogmes, toutes les croyances chrétiennes.

Le préfet de police, Hérault, le savait bien, quand il lui déclarait l'inanité de ses efforts : c'est Voltaire lui-même qui nous a transmis ce dialogue, dans une lettre à Dalembert :

« Patience! ne nous décourageons point : Dieu nous aidera si nous sommes unis et gais. Hérault disait un jour à un des frères. Vous ne détruirez pas LA RELIGION CHRÉTIENNE. — C'est ce que nous verrons, dit l'autre. » L'autre c'était lui.

La vérité donc, Messieurs, la voici : Voltaire est

(1) 16 avril 1765; 20 décembre 1764; 17 novembre 1762; 25 mars 1765, etc.

l'ennemi, l'insulteur acharné du christianisme et de Jésus-Christ. Et quand il pousse tous les jours, le malheureux vieillard! ce cri atroce : Ecrasez l'infâme! cela veut dire : Ecrasez le Christianisme et Jésus-Christ. Et Dalembert, demandant au roi de Prusse de reprendre l'idée de Julien et de faire rebâtir le temple de Jérusalem, afin de donner ce démenti éclatant à nos Ecritures, avait mille fois raison de dire à Frédéric : « Cette réédification, Sire, est MA FOLIE, comme la DESTRUCTION DE LA RELIGION CHRÉTIENNE EST CELLE DU PATRIARCHE DE FERNEY. » Et quand vous voulez, Messieurs, aujourd'hui, rendre des honneurs *exceptionnels*, *officiels*, *nationaux*, à cet ennemi acharné de notre religion, de notre Dieu ; quand vous résumez la pensée de cette étrange fête dans un livre abominable, destiné à aller combattre dans tous les hameaux, dans toutes les chaumières, LE CATÉCHISME! vous pourriez dire que ce livre n'est pas contre notre foi LE DERNIER OUTRAGE, que vous ne nous provoquez pas, que vous ne faites pas la plus insultante manifestation contre la religion! et vous penseriez que vous le pouvez avec impunité, et que nous devons nous taire!

Comment, vous vousv antez de glorifier l'*œuvre* de Voltaire : cette *œuvre* est la guerre la plus acharnée à la religion, et vous prétendriez que votre manifestation n'est pas contre la religion!

Comment, un livre est publié, qui est appelé un *Monument du centenaire*, qui exprime, dit-on, *la vraie signification* du centenaire ; et il y a, dans ce livre, tous les outrages, toutes les attaques possibles contre le christianisme. Bref, il y a là, condensé, tous ce que

Voltaire a vomi pendant vingt ans d'impiétés plus immondes. Je dis immondes, Messieurs, c'est le mot, car sur l'Eucharistie, la sainte Vierge et le Saint-Esprit, les outrages sont tels, sans cesse répétés, et si obscènes, que nul, de quelque religion, qu'il soit, et ne fût-il d'aucune religion, s'il n'est pas le dernier des hommes, ne pourrait les citer devant une assemblée quelconque d'honnêtes gens.

Et c'est là ce dont vous voulez faire le *Monument du centenaire;* c'est là ce qu'on veut porter dans TOUTES LES BOURGADES et toutes les chaumières ! Et dans le but avoué de VIDER LES ÉGLISES, et de remplacer par là le CATÉCHISME pour les enfants (1) !

Et vous, Messieurs, vous avez donné notre argent pour éditer ce livre, et pour le répandre partout impunément et vous pourriez prétendre que votre prétendue *fête nationale* ne serait pas une *insulte nationale* à la religion de la France !

Et vous voulez, pour cette manifestation antireligieuse, pour cette explosion d'impiété, vous voulez, afin d'y amener les masses populaires, la plus grande de nos places publiques ! vous parlez d'y porter processionnellement et en triomphe le grand ennemi de la religion, le grand insulteur de la foi et des mœurs ; et vous invitez les citoyens à pavoiser et à illuminer ! Eh bien, moi, tout cela, je le caractérise d'un mot : Les saturnales de l'impiété.

Et vous venez parler de concorde et d'apaisement ! et vous identifiez ainsi la république avec l'impiété !

(1) *Bien Public*, 19 mai 1878.

avec la guerre la plus outrageuse, avec une guerre frénétique à la religion !

Non, vous ne pouviez rien imaginer, Messieurs, d plus immoral, de plus illégal, et de plus impolitique.

Si vous pensez par là servir utilement la république, détrompez-vous ! La société : détrompez-vous également.

Eh quoi ! Messieurs, vous nous annoncez ainsi le projet de déchristianiser la France ! vous ressuscitez Voltaire pour cela :

Et vous croiriez que nous vous laisserons outrager ainsi notre religion, étouffer dix-huit siècles d'honneur, toute la civilisation chrétienne et française, dans vos saturnales, et éteindre toute la flamme du génie chrétien dans l'*exégèse de la polissonnerie!* Impossible.

Et vous croiriez que nous vous laisserons proclamer que les plus grands saints, les plus grands génies chrétiens, Bossuet, Fénelon, Pascal, Leibniz, Newton, Racine et Corneille, sans parler de saint Augustin et de tant d'autres, furent des imbéciles ou des hypocrites, et que vous seul avez le privilège du génie et de la loyauté !

Détruire en France la religion ! mais, si vous pouviez y réussir, c'est la France même qui tomberait sous vos coups !

N'avez-vous pas assez de ruines? En voulez-vous encore? La Commune ne vous a donc pas suffi !

Vous voulez promener sur toutes les matières inflammables dont Paris est plein, le souffle de l'impiété, et vous ne voyez pas que c'est y promener le souffle de l'incendie !

Se rencontreront là, bouillonnant à l'envi, si votre fête devait se célébrer, toutes les formes de la démagogie, comme de l'impiété : vous jetez du feu sur de la poudre ! voilà ce que vous faites.

Quand on accumule les matières détonantes, les explosions sont effroyables ! Regardez plutôt à deux pas de la place même où vous voulez faire danser le peuple devant la statue de Voltaire, regardez ces décombres encore fumants !

« Ah ! s'écriait autrefois M. Thiers, si j'avais dans mes mains les bienfaits de la foi, je les ouvrirais sur mon pays ! »

Et vous voulez, vous, tuer la foi dans le cœur du peuple ! Mais votre Voltaire, lui-même, ne vous a-t-il pas dit ce que serait un peuple d'athées !

Ce *catéchisme*, que vous voulez combattre et détruire, par quoi donc, malheureux, le remplaceriez-vous !

Je m'arrête, je mets fin à ces lettres. Elles ne sont en rien une attaque aux institutions qui nous régissent. Pas un seul mot n'y est dit contre ces institutions C'est une défense légitime et nécessaire, devant une provocation criminelle ; et un rappel aux lois du pays.

M'entendrez-vous? La passion n'a guère coutume d'écouter la raison. J'aurai du moins élevé, à l'encontre d'un grand scandale, la protestation de ma conscience, et poussé contre vos audaces le cri de l'honneur épiscopal, de l'honneur chrétien, et de l'honneur français.

Veuillez, Messieurs, agréer une dernière fois l'hommage des sentiments que j'ai l'honneur de vous offrir.

† F., *Evêque d'Orléans.*

Paris, 20 mai 1878.

# LETTRE

DE

# M. L'ÉVÊQUE D'ORLÉANS

A

## M. VICTOR HUGO

---

Orléans, le 1er juin 1878.

MONSIEUR,

Je viens de lire le discours prononcé par vous au théâtre de la Gaîté, et je dois vous avouer qu'il dépasse tout ce qu'en ces tristes temps j'avais rencontré en fait de palinodie.

Qu'est-ce donc qu'un poëte, et quel est ce prisme singulier, qui teint de ses propres couleurs, incessamment changeantes, toutes choses ? Qu'est-ce qu'un écrivain qu'on entend flétrir et exalter tour à tour, selon ses mobiles impressions, le même homme et le même siècle ?

Je suis obligé de vous le dire, Monsieur : dans les illusions qui vous fascinent aujourd'hui, c'est un faux Voltaire, poétisé, transformé, que vous avez montré à votre auditoire ; le vrai Voltaire, le voici :

Il résulte, non pas de textes isolés, mais de toute sa vie et de ses œuvres, que Voltaire, si vous enlevez le masque, si vous allez au fond de son âme et à la réalité de son histoire, fut ce que j'ai dit, et ce que vous avez naguère dit vous-même; et puisque vous l'avez oublié, vous me forcez à le redire :

INSULTEUR DU PEUPLE, que sans cesse il traitait de « canaille » : et dont il a dit : « Il ne faut pas que le peuple soit instruit, il n'est pas digne de l'être; » « Le peuple sera toujours sot et barbare. Ce sont des bœufs auxquels il faut un joug, un aiguillon et du foin. »

COURTISAN de toutes les puissances, jusqu'aux plus viles : ayant perdu à ce commerce, selon la forte expression de M. Louis Blanc, « tout ce qui constitue les fiers caractères et les âmes viriles ». Voilà le vrai Voltaire.

Et de plus : INSULTEUR DE LA FRANCE; renchérissant sur les moqueries du vainqueur de Rosbach; lui écrivant : « Sire, toutes les fois que j'écris à Votre Majesté sur des affaires un peu sérieuses, *je tremble comme nos régiments à Rosbach;* » « L'uniforme prussien ne doit servir qu'à faire mettre à genoux les Welches; » trahissant les intérêts de la France au point d'écrire à une impératrice russe : « Il vous faut trois capitales : Moscou, Pétersbourg et Byzance. »

Proclamant encore qu'il n'était pas Français, mais « Suisse » ; qu'il voudrait « mourir Prussien »; et, s'il était plus jeune, « qu'il se ferait Russe. »

Disant de sa patrie que c'était un *pays de tigres et de singes*, et traitant Paris de *grande basse-cour remplie de coqs d'Inde et de perroquets.*

Voilà au vrai, Monsieur, celui que vous avez célébré

hier, et présenté aux naïfs applaudissements de votre auditoire... parisien !

Du reste, AGIOTEUR, NÉGRIER et VIVRIER, ayant fait la traite des nègres, et mis dans sa poche, pendant une seule guerre, *six cent mille livres* de ce temps-là, gagnées sur les fournitures de l'armée.

INSULTEUR DE LA VÉRITÉ, au point que Frédéric lui-même l'a appelé *un fourbe consommé ; rompu à mentir* ayant érigé le *mensonge en principe ; sans foi ni loi,* selon le mot de Sainte-Beuve.

INSULTEUR DES MŒURS ; l'écrivain le plus corrompu et le plus corrupteur qui fût jamais ; ayant inondé son siècle, c'est vous-même qui l'avez dit, d'*œuvres d'ignominie*, de *livres infâmes*, de *fange.*

Je vous rends cette justice, que de tout ceci vous n'avez rien osé dire.

INSULTEUR DE JEANNE D'ARC : cette noble fille du peuple, la plus pure héroïne de notre histoire. Et cela, non dans une œuvre de jeunesse, comme votre conférencier l'a dit, mais dans un poëme immonde, dont la composition l'occupa plus de trente ans, et publié par lui avec des gravures obscènes, à l'âge de soixante-neuf ans. C'est là qu'il a accumulé contre la vierge libératrice de son pays des outrages sans nom et des insultes à tout ce qu'il y a de sacré : insultes à la religion, insultes au patriotisme, insultes à la vertu, insultes à la faiblesse, insultes à la jeune fille, insultes à la femme, insultes à la France, insultes à l'humanité ; et tout cela à un degré qui ne se peut redire.

INSULTEUR DE LA POLOGNE : cette Pologne que,

pair de France, sous le roi Louis-Philippe, vous aviez éloquemment défendue.

Un jour, des potentats se liguèrent pour asservir cette nation libre et héroïque. Après l'avoir écrasée, ils la dépecèrent et s'en partagèrent les lambeaux.

Il y avait alors en Europe un homme qui avait, dites-vous, « déclaré la guerre à toutes les iniquités sociales », et dont l'arme avait « la légèreté du vent et la puissance de la foudre ».

Devant le meurtre de la Pologne, je me sers de vos paroles, « Voltaire, tu poussas un cri d'*admiration* : ce sera ta *honte* éternelle ».

Et vous vantez sa tolérance! Sans doute il fit grand bruit, pour sa vaine gloire, de quelques erreurs, douteuses peut-être, de la justice. Mais quand c'est le même homme qui a battu des mains à l'assassinat d'un peuple, et qui écrivait à une impératrice de Russie : « C'est *la tolérance* que vous apportez en Pologne au bout de quarante mille baïonnettes »; j'ai le droit de vous dire, Monsieur, que cet homme n'était qu'un comédien de tolérance et d'humanité.

Le vrai Voltaire, le voilà. Tout ce que je viens de dire est incontestable : c'est de l'histoire. Et c'est pourquoi vous aurez beau faire, vous et d'autres, Voltaire ne sera jamais, ne pourra jamais être l'idole ni du peuple ni de la France.

De tout cela, Monsieur, vous n'avez pas dit un seul mot dans ce grand discours. Eh bien ! je vous défie de dire ces choses à ce pauvre peuple qu'on égare : je vous mets formellement AU DÉFI d'en essayer, devant un auditoire quelconque, une *sérieuse* apologie.

Oserez-vous accepter mon DÉFI?

Non, vous ne l'oserez pas.

Ainsi, complète et honteuse palinodie pour Voltaire. Même palinodie pour son siècle.

Vous n'étiez pas un enfant, Monsieur, vous aviez près de quarante ans, quand vous avez appelé ce siècle *une orgie terminée par un échafaud ;* quand vous avez poussé ce cri :

> *Honte* à tes écrivains devant les nations

Et aujourd'hui du même siècle vous osez dire :

> *Gloire* à tes écrivains devant les nations!

Un homme peut-il se donner à lui-même un plus éclatant et plus honteux démenti !

Et cependant la vérité vous échappe ici encore. « Ceux-ci ont fait ceux-là, » dites-vous. Oui, Voltaire et Rousseau ont fait Danton et Robespierre. C'est donc bien ce que vous disiez : *une orgie terminée par un échafaud.* Est-ce là ce que vous voulez aujourd'hui? Est-ce là « l'adoucissement à nos mœurs », dont on a fait si étrangement hommage à Voltaire et aux voltairiens : la Terreur, le Comité de salut public, précurseur de notre Commune !

Ainsi donc, aux mêmes hommes, aux mêmes choses, au même siècle, vous avez crié : *Honte!* et aujourd'hui vous criez : *Gloire!*

Et voyez l'étendue de votre palinodie :

N'avez-vous pas vous-même jugé ainsi l'œuvre de Voltaire :

« C'est un *bazar* élégant et vaste... étalant DANS LA BOUE d'innombrables richesses... éblouissant et FÉTIDE... offrant *des prostitutions* pour des voluptés... Temple MONSTRUEUX, où il y a des témoignages *pour tout ce qui n'est pas la vérité*, un culte *pour tout ce qui n'est pas Dieu?* » N'avez-vous pas dit : « Nous déplorons amèrement... qu'il ait tourné *contre le ciel* cette puissance intellectuelle qu'il avait reçue du ciel. Nous gémissons sur ce beau génie *qui n'a pas compris sa sublime mission*, sur cet ingrat qui a *profané la chasteté de la Muse et la sainteté de la Patrie?*

« Et, ajoutiez-vous, parce qu'il eut la coupable ambition de semer également les germes nourriciers et les germes venimeux, ce sont, POUR SA HONTE ÉTERNELLE, les poisons qui ont le plus fructifié. »

Enfin, « la translation de ses restes au Panthéon, » ne l'avez-vous pas appelée « une saturnale funèbre » ?

Une saturnale funèbre! c'est donc ainsi que vous jugiez les honneurs rendus à Voltaire en 91. Avais-je tort, Monsieur, de nommer votre fête nationale avortée les saturnales de l'impiété ?

Il y a dans votre discours d'autres palinodies encore. Ainsi, l'*Encyclopédie*, vantée par vous hier, vous l'aviez nommée « un ouvrage où des hommes qui avaient voulu prouver leur force, ne prouvèrent que leur faiblesse ; monument MONSTRUEUX, dont le *Moniteur* de notre Révolution est l'EFFROYABLE pendant » (1).

Mais, toutes ces paroles, il ne vous en a pas coûté, jeudi à la Gaîté, de les effacer avec une langue nouvelle.

(1) *Littérature et Philosophie mêlées*, p. 247-251.

Qu'êtes-vous donc enfin, Monsieur ? Permettez-moi de le demander avec tristesse. Une lyre qui résonne à tous les souffles ? Aujourd'hui c'est

> Le vent qui vient à travers la montagne

qui vous agite !

Aussi, déclamations sonores et creuses, ne constatant que le chaos d'une tête et le vide d'un esprit ; pêle-mêle, pour parler votre langue, de *notions* contradictoires *servant de bases à des idées* incohérentes ! Voilà votre discours.

Ainsi, vous allez jusqu'à rapprocher Voltaire et Jésus-Christ !

Voltaire et Jésus-Christ !... Et l'un continuateur de l'autre !... Mais c'est le délire !

Que croyez-vous donc, et que ne croyez-vous pas ? Hélas ! le savez-vous bien vous-même ?

Et vous parlez de votre *respect !* mais un tel respect, Monsieur, c'est la forme la plus répugnante du blasphème.

*Jésus qui a pleuré, et Voltaire qui a ri,* voilà, dites-vous, d'où vient la civilisation actuelle.

Eh bien ! Monsieur, quand on dit cela à son siècle, on peut compter encore comme instrument sonore ; mais, comme autorité morale, on ne compte plus.

Si la doctrine évangélique a été civilisatrice, Voltaire, le grand ennemi de l'Évangile, fut le grand ennemi de la civilisation, et son passage sur la terre chrétienne a été, selon le mot vrai de M. Royer-Collard, *une calamité.*

Si vous connaissiez mieux le Christianisme, vous

sauriez que tout siècle qui rompt avec lui, entrave la marche pacifique et progressive de l'humanité, et court aux catastrophes!

> Contre le feu vivant, contre le feu divin,
> De larges toits de marbre ils s'abritaient en vain :
> Dieu sait atteindre qui le brave (1).

Si vous connaissiez mieux, je ne dis même pas le Christianisme, mais l'histoire, vous sauriez qu'il n'y a pas eu un progrès dans nos sociétés dont le Christianisme n'ait été l'auteur ; qu'il n'y a pas une réforme bienfaisante que l'Évangile n'ait inspirée aux hommes, qu'il n'ait lui-même introduite ou préparée dans les lois.

Et vous dites que Voltaire *a vaincu!* D'autres que vous et lui, ont chanté victoire, qui ont passé ; et le Christ demeure.

Vous dites gravement que *Voltaire sourit du haut des étoiles.* Les voltairiens du cirque Myers ont dû bien rire de ce reste d'idées métaphysiques et de foi chrétienne incomprise.

Ceux-ci, Monsieur, sont meilleurs voltairiens que vous; ils ne parlent plus d'humanité, eux, mais d'animalité, et de notre précurseur, de notre ancêtre, le singe, comme disait dans un livre récent un des jeunes conseillers municipaux de Paris, celui-là même sur la proposition duquel le conseil municipal de Paris a voté 10,000 francs pour le Centenaire. Et c'est tout simple : quand on croit que l'homme descend du singe, pour Dieu on doit avoir Voltaire, que vous-même avez appelé un singe ; il est vrai, un singe de génie.

(1) *Orientales.*

Et voilà donc où vous en êtes! Voilà en somme à quoi a abouti, dans l'indifférence de Paris, cet effort gigantesque et grotesque de la République démagogique pour émerger, à la faveur de Voltaire, des bas-fonds à la surface, et s'emparer des destinées de la France! Une fête *oratoire* dans un théâtre et dans un cirque! des déclamations outrées, emphatiques, contradictoires: un avortement et une risée.

Et vous, pauvre grand poëte, panégyriste aujourd'hui de l'homme et du siècle que vous avez si énergiquement flétris, chantre autrefois inspiré de l'*Aumône*, de la *Prière pour tous*, de l'*Enfant martyr*, quel spectacle offrez-vous à ceux qui vous admiraient naguère?

Permettez-moi de vous dire, avec le respect tristement ému que mon âge doit au vôtre: Vous êtes une barque sans lest, poussé par le vent du siècle d'un rivage à l'autre; vous croyez aborder à la gloire, et, je le crains, vous échouerez à la pitié.

Veuillez agréer, Monsieur, l'hommage des sentiments que j'ai l'honneur de vous offrir.

† F., *Evêque d'Orléans.*

# TABLE

## PREMIÈRES LETTRES



## NOUVELLES LETTRES



## DERNIÈRES LETTRES



Paris. — Imp. Jules LE CLERE et C^e, rue Cassette, 17.

www.ingramcontent.com/pod-product-compliance
Ingram Content Group UK Ltd.
Pitfield, Milton Keynes, MK11 3LW, UK
UKHW012035240726
13965UKWH00003B/797